Horst Rademacher

Kalifornische Impressionen

Reportagen aus Amerikas Westen

Societäts-Verlag

. . . to my California girl

Schutzumschlaggestaltung: Jutta Schneider
Schutzumschlag-Abbildung: Tony Stone Worldwide
Bildagentur GmbH
Satz: Ebner Ulm
Druck und Verarbeitung: Spiegel, Ulm
Printed in Germany 1993
ISBN 3-7973-0539-7

INHALTSVERZEICHNIS

VORWORT

Kein anderer amerikanischer Bundesstaat ist derart mit Klischees behaftet wie Kalifornien. Goldrausch und Hollywood, Hippies und Drogenkult, Natur ohne Grenzen. Oft scheint es so, als sei das Leben im Staat zwischen Sierra Nevada und Pazifik ein Spiel unter ewiger Sonne und blauem Himmel, vor grandiosen Bergkulissen und atemberaubenden Steilküsten. Als glitte das Leben sanft dahin wie Straßenkreuzer auf endlosen Freeways, als sei es so elegant wie die Golden-Gate-Brücke in der Morgensonne oder so unbeschwert, wie es die Wellenreiter am Strand von Malibu vorspielen. Kalifornien ist synonym für technischen Fortschritt: Mikroprozessor, Heimcomputer, Raumfähre, B2-Bomber. Sie alle entstanden in den Denkfabriken und Werkhallen zwischen Silicon Valley und Los Angeles. Dem zufälligen Besucher erscheint Kalifornien oft wie ein Traumland am Pazifik. Ein Land, wo sich Sonnenwetter und reizende Landschaft zu einer Orgie von Lebensqualität vereinen. Von High-Tech zu Smog-Check, von Avantgardekunst zu alternativen Lebensformen, Kalifornien schien stets der Übungsplatz, auf dem die Menschheit sich selbst immer wieder aufs neue ausprobiert.

Das Merkwürdige an allen diesen Klischees ist: Sie sind gleichzeitig richtig und doch so falsch. Wie kaum ein anderer Schlager hat „Seems, it never rains in Southern California“ das Bild Kaliforniens geprägt, und das nicht nur unter Touristen, die dem trüben Wetter Mitteleuropas entfliehen. Doch gerade als diese Zeilen geschrieben werden, wird im ganzen Bundesstaat Katastrophenalarm ausgelöst. Der Regen scheint kein Ende zu nehmen, und aus Flußbetten, die schon seit Jahren kein Wasser mehr führten, treten schmutzig braune Fluten über die Ufer. Hangrutsche begraben Häuser und Straßen. Nach sechs Jahren der Dürre, in denen Trinkwasser rationiert werden mußte, versinkt Kalifornien jetzt in den Niederschlägen, die der Westwind aus dem subtropischen Pazifik heranträgt. Denn wenn es in Kalifornien einmal regnet, so fährt der besagte Schlagertext fort, „then it pours", dann gießt es in Strömen.

Es sind solche Gegensätze, die den Reiz dieses Landes ausmachen. Natürlich gibt es den azurblauen Himmel und die strahlende Sonne. An zu vielen Tagen ist aber im Becken von Los Angeles der Smog so dick, daß von der Sonne nicht mehr zu sehen ist als eine orangerote Scheibe, die auf einem Halbkreis durch den fahlgrauen Himmel zieht. Natürlich kann man auf einigen Straßen Kaliforniens so dahingleiten, als gebe es noch keine Massenmotorisierung. Aber immer häufiger wird aus den Autobahnen ein riesiger Parkplatz, auf dem sich stundenlang nichts mehr bewegt. Natürlich gibt es die unbeschwerten Wellenreiter am Strand von Malibu noch. Aber unter den Palmen auf der Strandpromenade schlafen mittlerweile Nacht für Nacht Hunderte von Obdachlosen in Bretterverschlägen, auf Pappkartons oder ohne irgendwelche Habe auf dem Rasen. Und natürlich entstehen in Kalifornien Spitzenprodukte modernster Technik. Aber gleichzeitig verrosten Brücken und Eisenbahnschienen. Es fehlt an Geld, Straßen zu reparieren, die Infrastruktur verfällt.

Wer dem Golden State näher kommen will, muß sich zunächst seiner Geographie widmen. Kalifornien ist ein großer Staat. Von der Grenze zum Nachbarstaat Oregon am 42. Breitengrad im Norden bis zum widerwärtigen Grenzzaun zu Mexiko entlang des Tijuana-River im Süden erstreckt sich der Staat auf einer Länge von 1250 Kilometern. An seiner breitesten Stelle, zwischen Kap Arguello an der Pazifikküste und dem Tal des Todes in der Mojavewüste, ist er 400 Kilometer groß. Mit seinen 406 000 Quadratkilometern ist er nach Alaska und Texas das drittgrößte Territorium der Vereinigten Staaten. Seine mehr als 31 Millionen Einwohner machen Kalifornien zum bevölkerungsreichsten Bundesstaat. Im Durchschnitt beträgt die Bevölkerungsdichte

75 Menschen je Quadratkilometer. In manchen Stadtvierteln San Franciscos drängen sich jedoch ebenso viele Menschen pro Quadratmeter wie in den Niederlanden. Im Gegensatz dazu kann man stundenlang durch den Nordosten des Staates fahren, ohne auch nur einer einzigen Seele zu begegnen.

Landschaftlich, klimatisch und geologisch ist Kalifornien an Vielseitigkeit kaum zu überbieten. Mount Whitney in der Sierra Nevada ist mit 4413 Meter der höchste Berg der zusammenhängenden 48 Staaten. Nur knapp 120 Kilometer weiter östlich senkt sich das Death Valley 86 Meter tief unter den Meeresspiegel – nirgendwo sonst in den Vereinigten Staaten ist es tiefer. Im Küstengebirge wachsen Eichen und Kiefern, weiter östlich in der Mojavewüste findet man nur Kakteen und Kreosotbüsche. Beim sagenumwobenen Mount Shasta und dem weiter östlich gelegenen Lassen Peak handelt es sich um Vulkane, die jederzeit ausbrechen können. Entlang der San-Andreas-Verwerfung kommt es jeden Tag zu Dutzenden von Erdbeben. Alle paar Jahre ist eins schwer genug, Schäden in Höhe von Milliarden Dollar zu verursachen. In den White Mountains ganz im Osten des Staates ist das Klima arktisch, in Yuma an der Grenze zu Mexiko ist es arid, San Diego gehört zu den Subtropen und an der Nordküste in der Nähe von Mendicino herrscht gemäßigt marines Klima.

Mit etwas Glück begegnet der Wanderer in der Sierra Nevada gelegentlich Braunbären. Amerikas Wappentier, der Weißkopfseeadler, ist kein seltener Gast an den zahlreichen Talsperren Kaliforniens. Über dem Pazifik schweben Albatrosse scheinbar schwerelos dahin. Mit einem guten Feldstecher sieht man von den Klippen an der Küste, wie sie minutenlang fliegen, ohne auch nur einmal mit den Flügeln zu schlagen. Im Frühjahr und Herbst ziehen jeweils Hunderte von Walen ganz dicht an der Küste vorbei. In den Wüstengebieten im Südosten sollte man die Warnungen vor Klapperschlangen ernst nehmen, und wundern darf man sich nicht, wenn einem in den Vororten großer Städte hin und wieder ein Kojote über den Weg läuft.

Kalifornien ist ein junges Land. Erstmals erwähnt wird dieser Landstrich vom spanischen Entdecker Cabrillo im Jahre 1542, dann vom Briten Drake im Jahre 1579. Die erste europäische Siedlung wurde am 16. Juli 1769 in der Nähe des heutigen San Diego errichtet. Es war eine notdürftige Holzbaracke. Genau fünf Tage, bevor die dreizehn Kolonien am Atlantik ihre Unabhängigkeit erklärten, wurde im Jahre 1776 jene Mission gegründet, um die sich allmählich die Stadt San Francisco entwickelte. Landwirtschaft und Viehzucht bestimmten in den kommenden 73 Jahren das ruhige Leben in dem Land, das zunächst als „Alta California" zur spanischen Kolonie Mexiko gehörte und dann für kurze Zeit sogar eine unabhängige Republik war.

Am 24. Januar 1849 jedoch entdeckte James William Marshall im Schlamm des American-River in der Nähe von Sutter's Fort Gold. Es gibt kein wichtigeres Datum in der Geschichte Kaliforniens. Von diesem Tag an änderte sich alles, wirklich alles in diesem jungen, urwüchsigen Landstrich. „La Veta Madre", die Mutter aller Goldadern, war gefunden. Sie erstreckte sich auf einer Länge von fast 200 Kilometern zwischen den heutigen Dörfern Bear Valley und Auburn im Vorgebirge der Sierra Nevada. Der Goldfund legte den Grundstein für das Klischee des „Traumland Kalifornien". Tausende packten im Osten Amerikas ihre Siebensachen und machten sich gen Westen auf. Die Goldgierigen trotzten den schlimmsten Stürmen am Kap Hoorn, als sie auf Clipperschiffen nach San Francisco segelten. Die Bucht der Stadt am Goldenen Tor, einer der schönsten natürlichen Häfen der Welt, glich Mitte letzten Jahrhunderts einem Schiffsfriedhof, weil die Matrosen und Kapitäne den Passagieren auf der Suche nach Gold in die Sierra Nevada folgten. Der Ruf des Goldes, die persönliche Gier, der Traum vom schnellen Reichtum ließ sie ihre Schiffe einfach aufgeben.

Gleichzeitig kamen Tausende unter unsäglichen Entbehrungen auf dem Landweg nach Kalifornien. Bis Denver, in den Ebenen des mittleren Westens, war die Reise im von Ochsen gezogenen Planwagen noch halbwegs erträglich. Doch dann standen die Rocky Mountains, die wasserlosen Wüsten Utahs, das ewige Auf und Ab in der Basin-and-Range-Provinz und schließlich die gewaltige Sierra Nevada zwischen den „Pionieren" und dem Gold. Die Augenzeugenberichte über die erste Durchquerung des Tal des Todes oder die erste Transverse über die Sierra Nevada am heutigen Donnerpaß durch diese Goldsucher lesen sich wie eine Mischung aus Abenteuerroman und einem Lehrbuch der Gruppendynamik. Wer es auf dem Landweg in die Goldfelder schaffte, der hatte entweder großes Glück oder das Durchhaltevermögen eines Sisyphos.

Der Goldrausch verflog bald – doch er hatte Kalifornien für immer verändert. Nur die wenigsten Goldsucher wurden reich. Die meisten gaben die Suche nach dem Edelmetall auf und ließen sich am Pazifik nieder. Zum Höhepunkt des Goldrausches wurde Kalifornien im Jahre 1850 als 31. Staat in die Union aufgenommen. Trotzdem war der Weg zwischen der Ostküste und dem Golden State weit und beschwerlich. Erst im Jahre 1869 wurde Kalifornien durch die Eisenbahn mit dem Rest der Vereinigten Staaten verbunden. Zunächst waren es Südfrüchte, die aus Kalifornien in den kühlen Osten Amerikas transportiert wurden. Mit den Apfelsinen und Pampelmusen gelangten aber auch die schillernden Schilderungen über einen „Garten Eden" westlich der Sierra Nevada in die Großstädte am Atlantik und im mittleren Westen. Die Weite und die sonnendurchflutete Wärme des Landes sowie die Möglichkeit, einen jungen Staat mit aufzubauen, zog Tausende wie ein Magnet an. Die inneramerikanische Völkerwanderung nach Kalifornien setzte mit dem ausgehenden 19. Jahrhundert ein und hörte erst hundert Jahre später wieder auf. Derzeit verlassen mehr Amerikaner Kalifornien als Zuwanderer aus anderen Bundesstaaten kommen.

Seit dem Ende der Weltwirtschaftskrise in den dreißiger Jahren schien sich Kalifornien auf der endlosen Spirale des Wachstums zu befinden. Die überragende Lebensqualität zog immer mehr Leute an, Unternehmen stellten fest, daß die Arbeitskräfte in Kalifornien motiviert und gut ausgebildet waren. Sie bauten Fabriken am Pazifik, schufen Arbeitsplätze und stärkten damit wiederum die Anziehungskraft Kaliforniens. Rüstungsindustrie und Halbleiter waren in den letzten zwanzig Jahren die beiden Säulen, auf denen Kaliforniens wirtschaftlicher Erfolg ruhte. Das Ende des Kalten Krieges und das damit verbundene Ende des Wettrüstens entzog dem Golden State jedoch eine nie zu versiegen scheinende Einnahmequelle. Massenentlassungen und ein bisher unbekannter Stellenabbau sind die Folge. Die Wirtschaft, das Steueraufkommen, der Staatshaushalt – sie alle gingen gleichzeitig in die Knie.

Obwohl Kalifornien heute seine Anziehungskraft auf die Bewohner der anderen 49 amerikanischen Bundesstaaten verloren hat, auf Immigranten aus Mittelamerika und Asien wirkt der „Golden State“ noch immer wie ein starker Magnet. Nirgendwo sonst wird das Klischee der „multikulturellen Gesellschaft“ deutlicher als in Los Angeles, wo jede Bevölkerungsgruppe mittlerweile eine Minderheit ist. Die größte Minderheit sind inzwischen die „Latinos“, jene Kalifornier, die der Armut, der Korruption und den Bürgerkriegen in Mittelamerika entflohen sind. Allmählich, mehr als 200 Jahre nach den ersten Siedlungsversuchen, wird Alta California nun doch zu einem Stück der Spanisch sprechenden Welt.

Mehr als ein Jahrhundert lang riet man jungen Amerikanern: „Go West, Young Man“. Gemeint war: Hast du Probleme im Osten Amerikas, ziehe nach Westen. Dort ist das Land groß, und irgendwo ganz weit hinter den Bergen und den Wüsten wartet ein „goldener Staat“ auf dich. Die meisten Einwanderer, die heute Kalifornien erreichen, folgten statt dessen dem Spruch „Ve al Norte“, geh nach Norden.

Ihre Hoffnungen, Wünsche und Träume unterscheiden sich nur wenig von denen der früheren Einwanderer aus dem amerikanischen Osten. Von Kalifornien geht es nicht mehr weiter westwärts. Der Pazifik, den der spanische Eroberer Balboa im Jahre 1509 als erster Weißer erblickte, macht der Wanderung ein Ende. Die nördlichen Nachbarstaaten, Oregon und Washington, sind den meisten Latinos zu fremd, als daß sie dort nach einer neuen Heimat suchten. Kalifornien ist und bleibt die Endstation der modernen Völkerwanderung, die „Endstation Sehnsucht" für ganz Amerika.

Orinda, Kalifornien, 20. Januar 1993

I

Wie auf einer Perlenschnur aufgreiht liegen die 21 spanischen Missionen am Camino Real, dem „königlichen Weg". Sie sind das historische Rückgrat Kaliforniens. Vor 200 Jahren waren die Missionen das Saatgut, aus dem dieser einmalige Staat hervorging. Heute sind jedoch die Großstädte San Francisco und Los Angeles die beiden Brennpunkte der kalifornischen Ellipse. Vergangenheit und Gegenwart liegen in diesen Orten eng beieinander.

Missionen für Gott und die Welt

Nein, natürlich haben die Franziskaner-Mönche vor zwei Jahrhunderten nicht damit gerechnet. Wie hätte Pater Serra am 1. November 1776 denn auch nur ahnen können, daß nicht weit von seiner Missionskirche San Juan Capistrano enfernt einmal Laserwaffen getestet würden? Pater de la Peña konnte doch im Januar 1777 nicht wissen, daß in der Nähe seiner Mission Santa Clara aus einfachem Sand einmal die Wunderwerke der Siliziumtechnik gefertigt werden würden. Oder glauben Sie, es wäre Pater Lasuén am 8. Dezember 1787 in den Sinn gekommen, daß Soldaten einmal von den Bergen um seine Kirche zur „Unbefleckten Empfängnis" jene Langstrecken-Raketen testen würden, mit denen jeder Staat der Erde in Schutt und nukleare Asche gelegt werden kann? Der gleiche Pater Lasuén wußte ja bei der Gründung der Mission San Juan Bautista am 24. Juni 1797 noch nicht einmal, daß er das große Holzkreuz nur 50 Meter neben jener Bodenwelle einschlug, die einmal als San-Andreas-Linie die berühmteste Erdbebenverwerfung der Welt werden sollte.

Die Franziskaner kamen vor 220 Jahren nicht nach Alta California, um die Zukunft zu erfinden. Den spanischen König Karl den Dritten plagten nämlich, kurz nachdem er im Jahre 1759 den Thron bestiegen hatte, zwei andere Probleme. Ihm war einerseits der Einfluß der Jesuiten im europäischen Klerus viel zu hoch. Zum anderen fürchtete er um die Zukunft seiner mexikanischen Kolonie. Die Engländer und die Russen hatten nämlich begonnen, sich für das bisher völlig unerschlossene Alta California zu interessieren, jenes Gebiet, das heute die amerikanischen Bundesstaaten Kalifornien, Oregon und Washington umfaßt. Da kamen dem König die Franziskaner gerade recht. Er wies seinen Gouverneur Gaspar de Portolá an, alle Jesuiten aus den mexikanischen Missionen zu entfernen und durch Franziskanermönche zu ersetzen. Das stärkte die Brüder des heiligen Franziskus in Europa und minderte dort gleichzeitig den Einfluß der Jesuiten. Als Gegenleistung sollten die Franziskaner anschließend Missionen im nördlichen Alta California errichten. Es würde damit für die spanische Krone reklamiert. England und Rußland wären ausgeschaltet.

So machten sich denn im Frühjahr des Jahres 1769 Gouverneur Portolá, vier Franziskaner-Mönche unter Pater Junipero Serra und insgesamt 215 Soldaten von Loreto, der Mutterkirche aller mexikanischen Missionen, auf den Weg entlang der Küste nach Norden. Krankheiten, schlechtes Wetter und noch schlechtere Ausrüstung rafften mehr als die Hälfte der Soldaten dahin. Nur einhundert Mann erreichten das heutige San Diego, wo Pater Serra am 16. Juli 1769 eine notdürftige Holzbaracke errichten ließ, die Mission San Diego de Alcalá, die erste christliche Kirche im heutigen Kalifornien. In den kommenden 54 Jahren sollten weitere 20 Missionen folgen, von San Diego über Santa Barbara und San Francisco bis ins 1000 Kilometer weiter nördlich gelegene Sonoma. Das sicherte zwar nicht die Regentschaft Spaniens über Alta California, denn der mexikanische Unabhängigkeitskrieg sollte bald auch dieses Gebiet erfassen. Die Missionen und die sie verbindende Straße, der „Camino Real", wurden aber zum Rückgrat für das heutige High-Tech-Land Kalifornien, der sechstgrößten Industrienation der Welt.

Das einizge, was an der Mission San Antonio de Padua heute an High-Tech erinnert, ist eine Satellitenantenne, deren Parabolspiegel schamhaft hinter einer Hecke versteckt wurde. Sonst sieht es hier im „Tal der Eichen" in den Santa-Lucia-Bergen heute noch so aus, wie es die Padres bei ihrer Ankunft im Juli 1771 vorgefunden haben müssen. Eichenbäume sind die einzigen Schattenspender in diesem einsamen Tal, in das die kalifornische Sonne unbarmherzig hinunterbrennt. Schon von weitem sieht man, wie sich die weißgetünchte, flache Mission über das im Sommer zu gelbgoldenen Ähren verdorrte Gras erhebt. Wie alle Missionen sind auch die Gebäude San Antonios in einem großen Quadrat errichtet, dessen eine Kante vom Kirchenschiff selbst gebildet wird. Die Innenhöfe der noch intakten Missionen sind heute liebevoll gepflegte Gärten. Damals waren sie gleichzeitig Werkstatt, Schlachthof und Versammlungsstätte. Am 16. Mai 1773 feierte im Atrium von San Antonio die erste christliche Hochzeitsgesellschaft Kaliforniens. Der 25jährige Juan Maria Ruiz geleitete damals seine um drei Jahre jüngere Braut Margarita de Cortona zum Traualtar.

Doch die Missionen waren nicht für die über Mexiko nach Kalifornien gekommenen spanischen Siedler gedacht. Ihre wesentliche Aufgabe sahen die Franziskaner darin, die kalifornischen Indianer zum Christentum zu bekehren und gleichzeitig seßhaft zu machen. Bis zur Ankunft Pater Serras waren die meisten Ureinwohner Kaliforniens Jäger und Sammler. Es gab weder die Pueblos, wie sie die Spanier in den östlichen Nachbarstaaten Neu-Mexiko und Arizona fanden, noch die hochentwickelten indianischen Kulturen Mittel- und Südamerikas. Das heutige Kalifornien war ein armes Land, in dem sich die Indianer hauptsächlich von Eichenmehl und Fisch ernährten. Lediglich entlang des Colorado-Flusses gab es ein wenig Landwirtschaft – doch soweit nach Osten kamen die Missionare nicht.

Neben den restaurierten Missionsgebäuden von San Antonio ragen heute noch die Ruinen einer kleinen Talsperre und der daraus abgeleiteten Bewässerungskanäle aus dem hohen Gras. Dieses Wasser und die nahezu immer scheinende Sonne machten aus der Wüstenlandschaft rund um die Missionen so etwas wie einen Garten Eden. Unter Anleitung der Patres bauten die Indianer Mais und Wein an. Sie züchteten Schafe und Rinder. Zeitweise lebten mehr als 2000 Indianer in jeder der Missionen. Ihre landwirtschaftlichen Erfolge waren Vorbild für die frühen spanischen Siedler, die große Haziendas entlang des Camino Real errichteten. Alles in allem, so schien es gegen Ende des 18. Jahrhunderts, war die Politik Karls des Dritten aufgegangen. Alta California war fest in spanischer Hand, die Franziskaner hatten sich als geschicktere Missionare als die Jesuiten erwiesen. Mehr als 10000 Indianer wurden in den ersten drei Jahrzehnten nach Ankunft Pater Serras in San Diego zum Christentum bekehrt und getauft.

Nicht alle Missionen blieben so einsam verborgen und wurden gleichzeitig so erfolgreich wie San Antonio de Padua oder das benachbarte San Miguel Arcangel. Im Juni 1776 sandte Pater Serra von seiner zweiten Mission im heutigen Carmel eine Expedition nach Norden. Pater Palou und der junge Leutnant José Joaquin Moraga führten dabei eine Gruppe von Siedlern an eine Lagune der heutigen Bucht von San Francisco. Am 29. Juni 1776, fünf Tage vor der amerikanischen Unabhängigkeitserklärung, gründeten sie jene Mission, die der Stadt am Goldenen Tor später ihren Namen gab, die aber trotzdem ausschließlich unter dem Namen der Lagune bekannt ist, an der sie einst lag – Mission Dolores.

Doch das Wetter, der kalte, den ganzen Sommer über in der Bucht hängende Nebel, und die Indianer der Region ließen Mission Dolores von Anfang an ein Schattendasein führen. In einer von der Historischen Gesellschaft der Missionen herausgegebenen offiziellen Broschüre heißt es, die Ureinwohner der Gegend um das heutige San Francisco seien die „am wenigsten begabten Indianer Kaliforniens“ gewesen. Sie hätten weder das soziale, noch das religiöse Konzept der Spanier verstanden. Das kalte Wetter und die von Soldaten der benachbarten Garnison Yerba Buena eingeschleppten Krankheiten – vor allem Masern – rafften viele Indianer dahin. Mission Dolores wurde bereits 1825 aufgegeben und begann zu verfallen.

Erst nachdem Kalifornien im Jahre 1851 ein Teil der Vereinigten Staaten geworden und San Francisco nach dem Goldrausch zu wachsen begonnen hatte, wurde auch die alte, im Jahre 1791 errichtete Missionskirche restauriert. Sie überstand das schwere Erdbeben von 1906 und ist heute das älteste Gebäude in der Stadt. Wie vor 200 Jahren suchen auch heute wieder Kranke und Hilfsbedürftige Zuflucht in Dolores. Nur wenige hundert Meter von der Basilika entfernt beginnt der „Castro-Distrikt“. Dieses Viertel war in den siebziger Jahren eine Mischung aus Reeperbahn und Champs-Elysées, stellenweise ein gigantisches Bordell, elegant und heruntergekommen zugleich. Im Castro konnte man alles bekommen, was die Lust begehrte – nur keine Frauen. Castro war das Mekka der Schwulen dieser Welt. Dort ging es rund - Zirkus, Karneval und Sex, 24 Stunden am Tag. Wer als Mann damals allein die Castro-Straße entlang flanierte oder in einer der Kneipen ein Bier trank, konnte sich vor handgreiflichen Angeboten kaum retten. Die Aids-Epidemie hat dem wilden Treiben in den berüchtigten Badehäusern und auf den Straßen des Castro-Viertels ein Ende gemacht. Und Homosexuelle bilden heute einen guten Teil der Pfarrgemeinde von Dolores.

Die meisten Gemeindemitglieder sind aber katholische Neueinwanderer aus Mexiko, die in Dolores, wie in den anderen Missionskirchen entlang des Camino Real, ein Stück ihrer Heimat wiedererkennen. Wenn heute junge Latino-

Paare in Dolores oder der neuen Kathedrale nebenan heiraten, fühlt man sich trotz des quirligen amerikanischen Lebens rund herum nach Mexiko versetzt. Die Hochzeiten sind prunkvoll, meist spielt eine Mariachi-Kapelle, die Stimmung ist ausgelassen. Mehr als alles andere in Kalifornien sind die Missionskirchen heute ein wichtiger Integrationsfaktor für die zahlreichen Einwanderer aus Mexiko geworden. Mittlerweile sind mehr als dreißig Prozent der kalifornischen Bevölkerung hispanischer Abstammung, wobei die zahlreichen illegalen Einwanderer nicht mitgerechnet sind. Die jungen Chicanos folgen dem Weg Pater Serras nach Norden, jedoch nicht aus Berufung, sondern weil nördlich der Grenze Arbeit und damit Geld auf sie warten – Dinge, die sie in ihrer Heimat nur schwer finden können.

So wie Dolores sind heute 19 der 21 Missionkirchen wieder Zentren katholischer Pfarreien. In vier dieser Missionen, nämlich in Santa Barbara, San Antonio de Padua, San Miguel und San Luis Rey, leben sogar wieder Franziskaner-Mönche. Lediglich Sonoma, die im Jahre 1823 als letzte gegründete Mission, und Purisima Conception in der Nähe des Raketentestgeländes Vandenberg haben heute weltliche Besitzer. Der Staat Kalifornien führt diese beiden restaurierten Missionen als historische Parks.

Jeden Mittag um zwölf und dann wieder abends um halb neun läuten die Glocken der Missionskirche von Santa Clara. Sie werden dabei vom Lärm der Düsenpassagierflugzeuge übertönt, die genau zu diesen Zeiten besonders oft vom nahen Flughafen San Jose aus starten. Doch zu beiden Messen kommen zahlreiche Gläubige, darunter auch viele junge Leute. Die Kirche – sie wurde im Jahre 1928 völlig renoviert – steht heute mitten im Campus der Santa-Clara-Universität, einer von Jesuiten geleiteten, renommierten Schule an der Westküste. Daß es die Jesuiten doch geschafft haben, in die franziskanische Hochburg Kalifornien einzudringen, ist eine direkte Folge des mexikanischen Unabhängigkeitskrieges.

Im Jahre 1833 erließ der mexikanische Kongreß ein Gesetz, nachdem alle Missionen in Alta California zu säkularisieren waren. Man wollte, so hieß es in der Order, Wiedergutmachung leisten für die brutale Art, mit der die Franziskaner die Indianer behandelt und ausgebeutet hatten. Die Indianer erhielten unter der Aufsicht des damaligen Gouverneurs von Kalifornien, José Figueroa, jeweils die Hälfte des Landes und des Viehbestandes der einzelnen Missionen. Sie sollten sich damit unabhängig von den Missionen machen, der Kirche aber gleichzeitig eine Überlebensmöglichkeit bieten. Der Plan wäre wohl auch erfolgreich gewesen, weil Figueroa unter Franziskanern wie Indianern ein angesehener Mann war. Doch der Gouverneur starb im Jahre 1835. Es folgte ein regelrechter Ausverkauf der Missionen. Die Franziskaner gaben bald danach auf, und skrupellose Händler schlachteten die Missionen aus. Nach wenigen Jahren waren von den meisten Missionen nur noch die Grundmauern erhalten.

Die Kirche erhielt erst, nachdem Kalifornien im Jahre 1850 zum 31. amerikanischen Bundesstaat geworden war, wieder alle Vollmachten über ihre früheren Besitztümer. Der Franziskanerorden zeigte jedoch wenig Interesse, so daß die lokalen Pfarreien jene Missionen übernehmen konnten, die in den wachsenden Städten lagen, wie Dolores, San Diego und Santa Barbara. Die Jesuiten übernahmen Santa Clara und gründeten dort ihre Universität. Die meisten Missionen auf dem Lande waren jedoch für die Kirche wertlos geworden. Was nicht geplündert war, verfiel.

Solche Ruinen sieht man heute noch in Soledad, mitten im fruchtbaren Salinas-Tal. Die Adobewände der einstigen Mission „Nuestra Señora de la Soledad" sind nur noch braune Lehmhaufen. Lediglich die restaurierte Kapelle und ein Flügel des typischen Atriumbaus erinnern an die Schönheit der Mission. Sie ist heute umgeben von Äckern und Feldern, auf denen jedoch keine Ochsengespanne mehr den Pflug ziehen. Traktoren verrichten heute die Arbeit. Gelegentlich brummt ein gelber Doppeldecker im Tiefflug über die Kirche. Das Flugzeug versprüht Insektizide.

In ähnlich ruhiger Feld- und Wiesenlandschaft liegt die Mission von San Juan Bautista. Wie in San Antonio de Padua scheint auch hier die Zeit stehen geblieben. Eine große Plaza grenzt an die Mission. Die Häuser, unter anderem ein Hotel, stammen noch aus der Zeit vor dem Goldrausch des Jahres 1849 und erinnern den Besucher unwillkürlich an den Wilden Westen. Doch hier haben nie die Schüsse von Revolverhelden die Mittagsruhe gestört. Hier ist es die Erde selbst, die sich hin und wieder aufbäumt, die ihre Last abschütteln zu wollen scheint. Pater Francisco de Lasuén errichtete am 24. Juni 1797 auf einer kleinen Anhöhe ein Holzkreuz und hielt darunter ein Messe – die Mission war damit offiziell gegründet. Die Anhöhe – sie ragt gerade zehn Meter aus dem Umland heraus – schien der richtige Platz. Von hier hatte man einen guten Blick auf das flache, fruchtbare Nordende des Salinas-Tals. Unter Anleitung der Franziskaner-Mönche sollten Indianer dieses Gelände bewässern lernen und darauf Ackerbau und Viehzucht betreiben. Doch die kleine Erhebung im Boden unter San Juan Bautista gehört zu einer von Südosten nach Nordwesten verlaufen Linie, die sich durch ganz Kalifornien verfolgen läßt. War es Zufall oder göttliche Vorsehung, daß Pater Junipero Serra nahezu genau dieser Linie folgte und an ihr seine Missionen errichtete?

Wie sich nämlich erst später herausstellen sollte, ist diese Linie die San-Andreas-Linie, eine der aktivsten Erdbebenverwerfungen der Welt. Deshalb wurden die Missionen auch immer wieder von Erdbeben zerstört. San Juan Bautista jedoch, die Mission direkt an der Verwerfung, traf es öfter und härter als jede der anderen Missionskirchen. Mehrmals mußte das aus den wenig widerstandsfähigen Adobeziegel gebaute Kirchenschiff neu errichtet werden. Immer wieder führten Erdbeben zu Rissen im Mauerwerk. Die letzte große Restaurierung der Mission, bei der zahlreiche

Erdbebenschäden beseitigt wurden, erfolgte in den siebziger Jahren. Seitdem haben die San-Andreas-Beben erneut Putz von den Wänden geschlagen und die Kirche in ihren Grundfesten erschüttert.

Heute folgt die Autobahn 101 der San-Andreas-Verwerfung und dem alten Camino Real. Doch hin und wieder lohnt sich ein Umweg. Statt von Soledad durchs Salinas-Tal nach Carmel, dem ehemaligen Hauptquartier Pater Serras, zu gelangen, führt eine Abkürzung durch die Täler des Arroyo Seco und des Rio Carmelito. Der Arroyo Seco hat sich tief und wild in das kalifornische Küstengebirge eingeschnitten. Die Landschaft ist wüst und kahl. Kaum gelangt man über den Paß ins Tal des Rio Carmelito, ändert sich die Szenerie, je näher man der Küste kommt. Zunächst wachsen einige Eichen im engen Flußtal, später wird der Wald dichter, es folgen Eschen. Dann warnen auch den mit Kalifornien nicht vertrauten Wanderer die roten Blätter eines Busch- und Klettergewächses vor „Poison Oak". Diese Pflanze enthält ein Öl, gegen das fast 80 Prozent der Amerikaner allergisch sind. Wenige Tage nach der Berühung beginnt sich die Haut zu röten, später wirft sie kleine Blasen. Wer dann dem kaum zu widerstehenden Juckreiz nachgibt, kann das im Öl enthaltene Allergen auf große Körperflächen verteilen und muß sich in ärztliche Behandlung begeben. Die Indianer waren völlig immun gegen Poison Oak. Sie benutzten die Blätter sogar zum Kochen.

Schließlich, wenige Kilometer von Carmel entfernt, beginnen Bartflechten von den Eichenbäumen herabzuhängen – ein sichereres Zeichen, daß der Küstennebel hier oft tagelang im Tal hängt. Dann lösen Kiefern die Laubbäume ab. Es ist kaum zu glauben, daß der von der Insel Mallorca stammende Junipero Serra den Ort Carmel so schön fand, daß er die Mission San Carlos Borromeo zu seinem Hauptquartier machte. Vielleicht war es die frische Seeluft, die ihn die Hitze des kalifornischen Hinterlandes vergessen ließ. Vielleicht war es der Geruch des frischen Kiefernharzes, der ihn an die spanische Küste erinnerte.

Pater Serra ist heute in einem unscheinbaren Grab links vom Altar der Basilika in Carmel begesetzt. Als müßte sein Werk erneut vor Bränden geschützt werden, steht direkt neben seinem Grab ein moderner Feuerlöscher. Doch der ruhelose Pater, der auf seiner Heimatinsel gern als der Gründer Kaliforniens gefeiert wird, hat auch in seinem Grab nicht die ewige Ruhe gefunden, die ihm gegönnt gewesen wäre. Er starb am 28. August 1784, nachdem er sieben der 21 Missionen gegründet hatte. Er hat also sein Werk nie vollendet gesehen. Seit 1934 bemühte sich ein Teil des amerikanischen katholischen Klerus beim Vatikan um die Heiligsprechung Pater Serras. Im Jahre 1943 ließ die päpstliche Kommission Serra exhumieren und seine Gebeine untersuchen. Serra sei, so heißt es im Befund, von kleiner Statur und fragilem Knochenbau gewesen. Er sei entweder an Asthma, wahrscheinlicher aber an Tuberkulose gestorben. Doch es sollte weitere 45 Jahre dauern, bis sich der Heilige Stuhl zum Handeln entschloß. Am 25. September 1988 sprach Papst Johannes Paul II. Pater Serra zumindest selig. Für einen richtigen Heiligen hat es nicht gereicht. Denn, so bleibt zu vermuten, von Pater Serra sind keine Wunder überliefert. Das einzige ihm zuzuschreibende Wunder geschah im Jahre 1960, als eine Nonne in St. Louis (Bundesstaat Missouri) unheilbar an Hauttuberkulose erkrankt war. Erst nachdem sie ihre Gebete an Pater Serra gerichtet hatte, wurde sie geheilt.

Wenn nicht gerade ein Bus eine Ladung Touristen an der Eingangspforte abgesetzt hat, sind alle Missionen heute Orte der Ruhe in dem sonst so aktiven Sonnenstaat am Pazifik. Beim Gang durch die schattigen Arkaden und die kleinen Museen wird klar, daß die Franziskaner vor 200 Jahren an der Westküste anderes im Sinn hatten als die angelsächsischen Siedler im amerikanischen Osten. Den Mönchen ging es nicht um religiöse und politische Freiheit. Der calvinistisch geprägte Kapitalismus lag ihnen als katholischen Mönchen ohnehin fern. Obwohl sie nur ganze 65 Jahre in Kalifornien präsent waren, haben sie diesen Teil Amerikas erschlossen. Vielleicht ist Kalifornien deshalb heute immer noch so anders als der Rest der Vereinigten Staaten.

Schwarzes Elend unter ewig blauem Himmel

Achtlos gehen die Nationalgardisten an den rußgeschwärzten Betonmauern vorüber. In den verkohlten Trümmern neben dem sauber gefegten Bürgersteig kann man Reste von Dachbalken und Regalen erkennen. An dieser Stelle im Stadtteil South-Central stand einst „Tom's Liquor Store & Deli". Doch mittlerweile ist von dem Geschäft außer den Grundmauern nichts mehr übrig. Es wurde während des Bürgerkrieges von Los Angeles im Frühjahr 1992 als einer der ersten Läden geplündert, zerschlagen und in Brand gesetzt. Nahezu 4000 weitere Geschäfte sollten während der 48 Stunden dauernden Unruhen ebenfalls in Flammen aufgehen, 59 Menschen sollten sterben. Die auf der Compton Street patroullierenden Soldaten schenken jenem Grafitto-Spruch keine Beachtung, den irgendeiner nach den Ausschreitungen auf die hüfthohen Grundmauern von Tom's Laden gesprüht hat: „Bloods and Crips together".

Auch der weiter nördlich gelegene Stadtteil Pico-Union war damals Schauplatz blutiger Auseinandersetzungen. Dort sind die Schaufenster vieler Geschäfte noch immer mit Brettern vernagelt. In einer katholischen Kirche, die während der brutalen Ausschreitungen von marodierenden Banden schwer beschädigt wurde, haben die Gläubigen die zerschlagenen Fenster durch Sperrholzbretter ersetzt. Auch hier ein Grafitto: „Jesus Christus, hilf uns".

Es sind solche Wandkritzeleien, die dem aufmerksamen Beobachter eher als umfangreiche soziologische Studien helfen, die in der zweitgrößten Stadt der Vereinigten Staaten herrschende Stimmung zu erfassen. Der erste Graffito scheint eine verschlüsselte Botschaft zu enthalten. Wer oder was sind „Bloods“, was verbirgt sich hinter „Crips“? Die zweite gesprühte Nachricht leuchtet dagegen sofort ein: In ihrer verzweifelten Hilflosigkeit gegenüber dem brandschatzenden Mob blieb der Kirchengemeinde nur noch der Ruf nach Gottes Hilfe.

Los Angeles hat zwar ein Rathaus, einen Bürgermeister, Polizei und Feuerwehr – „LA“ ist aber dennoch keine Stadt. Die „Vereingten Staaten von Los Angeles“ sind kein kohärentes Gemeinwesen, sie sind eine urbane Galaxis, mit Sonnen und planetaren Nebeln, Roten Riesen, Weißen Zwergen und so manchem Schwarzen Loch. Die eigentliche Gebietskörperschaft „Los Angeles“ hat man auf einer der zahllosen Freeways schnell durchquert. Die urbane Endlosigkeit LA verläßt dagegen auf dem Landweg nur, wer sich über Gebirgspässe in die Wüsten des amerikanischen Südwestens wagt – nach Osten über den San Gorgonio, nach Norden über den Grapevine oder den Cajon. Die „Route One“, die Küstenstraße entlang des Stillen Ozeans, ist ebenfalls keine Ausfallstraße. Sie führt entweder nach San Diego oder in den Landkreis Ventura, zwei Regionen, die zunehmend „losangelisieren“, also immer mehr zersiedelt werden.

In diesem zwischen Wüsten, Bergen und dem Ozean eingezwängten Territorium, das halb so groß ist wie Hessen, wohnen neun Millionen Menschen. Sie leben so verschieden wie Menschen nur leben können – in Palästen in Beverly Hills, in heruntergekommenen Reihenhäusern in Anaheim, in vornehmen Villen in Bel Air, in nichtssagenden Einfamilienhäusern in Pasadena, in Bungalows mit eigenem Strand in Malibu, in Sozialwohnungen in Watts oder in Pappkartons unter den Brücken des Hollywood-Freeway. In LA gibt es mehr Fahrzeuge der Marke Rolls Royce als in irgendeiner anderen amerikanischen Stadt. In LA empfangen gleichzeitig aber auch mehr Menschen Sozialhilfe als sonst irgendwo in Amerika. In LA prallen alle Gegensätze des 20. Jahrhunderts aufeinander. LA ist Erste und Dritte Welt zugleich - mit Hunderten von Nuancen zwischen diesen beiden Extremen. LA ist keine Stadt, LA ist ein Magnet. Seit mehr als einhundertfünfzig Jahren ist es der große Attraktor für Menschen auf der Suche nach einer besseren Zukunft.

Die ersten Europäer betraten vor gut 200 Jahren jenes Becken, in dem heute Los Angeles liegt. Bei ihrer Expedition nach Alta California auf der Suche nach Standorten für neue Missionen schlugen Gouverneur Gaspar de Portolá und seine Gefährten am 2. August 1769 an einem kleinen Fluß ein Lager auf. Man tauschte mit den dort lebenden, zur Gruppe der Uto-Azteken gehörden Indianern Geschenke aus. „Dieser herrliche Platz mit dem von Bäumen gesäumten Fluß hat alles, was man für eine große Siedlung braucht", schrieb Portolá. Er notierte den Namen des Ortes als „Nuestra Senora la Reyna des los Angeles de Porciùncula" in sein Tagebuch. Eine Missionskirche wurde dort aber nicht errichtet. Sie entstand zwei Jahre später 15 Kilometer weiter nordöstlich als Mission „San Gabriel Arcangel". Im Jahre 1781 übertrug der neue Gouverneur von Alta California, Felipe de Neve, das fruchtbare Becken entlang des Flusses 44 Siedlern, von denen – so die Chronik – mindestens 26 von Schwarzafrikanern abstammten, nach der heutigen Definition also als Afro-Amerikaner gelten würden. Die von ihnen gegründete Ortschaft „El Peublo de la Reyna de Los Angeles", die Gemeinde der Königin der Engel, war also zu Anfang eine „schwarze Stadt".

Der erste Angloamerikaner, der Bürger von „El Pueblo" wurde, war der Bostoner Pirat Joseph Chapman. Er und sein schwarzer Kumpan Thomas Fisher ließen sich im Jahre 1818 dort nieder. Vier Jahre später wurde die Siedlung Teil des befreiten Mexiko und erhielt im Jahre 1835 die Stadtrechte. Damals wohnten 1250 Menschen in der „Ciudad" El Pueblo. Sie lebten fast ausschließlich von Ackerbau und Viehzucht. Während ihres Krieges gegen Mexiko nahmen amerikanische Truppen den Ort im Jahre 1846 ein. Als „Los Angeles“ wurden dem „Pueblo“ am 4. April 1850 die amerikanischen Stadtrechte verliehen.

Während des damals herrschenden kalifornischen Goldrausches zeigte LA erstmals seine magnetische Wirkung. Die Stadt der Viehzüchter wurde von Goldsuchern überrollt. Ein Arzt notierte: „In dem nur aus Lehmhäusern bestehenden Kuhdorf herrscht Rechtlosigkeit. Glückspiele, Besäufnisse und Hurerei sind die einzigen Beschäftigungen der Neuankömmlinge.“ Eine schlimme Dürre und sinkende Rindfleischpreise machten den Viehzüchtern Ende der sechziger Jahre des vergangenen Jahrhunderts den Garaus.

Schon knapp ein Jahrzehnt später ging es aber wieder aufwärts. Im Jahre 1876 erreichte der Schienenstrang der „South Pacific Railroad“ die Stadt, neun Jahre später folgte die Eisenbahnkonkurrenz aus Santa Fe. Die inzwischen auf den Anbau von Südfrüchten übergegangenen Farmer konnten von nun an ihre Apfelsinen zu billigen Preisen auf die Märkte im Osten des Landes schicken. Mit auf die Reise gingen auch stets überschwengliche Schilderungen vom Land der Sonne und der guten Luft. Je weiter die Züge nach Osten kamen, desto schillernder wurden die Berichte.

Erheblichen Anteil an der Verbreitung des Bildes vom „Garten Eden“ hatten zwei Männer, Harrison Gray Otis und Charles Fletcher Lummis. Otis war seit dem Jahre 1882 Besitzer der Tageszeitung „Los Angeles Times“. Der Journalist Lummis stammte aus einem kleinen Ort in Ohio und war – angezogen vom Magneten LA – im Jahre 1884 zu Fuß von Ohio nach Kalifornien gewandert. Otis bewunderte diese Leistung und stellte Lummis daraufhin als Chefredakteur ein. Gemeinsam prägten die beiden ein Bild von Südkalifornien, das die Zeiten überdauern und schließlich sogar leicht abgewandelt von Ronald Reagan mit ins Weiße Haus getragen werden sollte.

Die konservative Haltung der beiden Zeitungsleute war getragen vom unbeirrbaren Glauben daran, daß moderne

Technik Fortschritt bedeute, und dem Willen, dem „free enterprise“ so wenig Hindernisse wie möglich in den Weg zu legen. In den 30 Jahren ihrer Zusammenarbeit verkauften sie Los Angeles als Zentrum einer „Region der unbegrenzten Möglichkeiten“, als Verwirklichung des amerikanischen Traumes schlechthin. Die strahlende Sonne und der ewig blaue Himmel trugen weiter zum entstehenden Mythos „LA“ bei. Die Schienenstränge der Eisenbahnen waren die Feldlinien, entlang derer die Stadt ihre magnetische Wirkung entfalten konnte. Die Stahlrosse brachten die erste Einwanderungswelle in die fruchtbare Ebene unterhalb der Mission San Gabriel. Die Zahl der Einwohner vervierfachte sich, von 11 183 im Jahre 1880 auf 50 395 zehn Jahre später. Als dann im San Fernando Valley das erste Öl entdeckt wurde, setzte ein zweiter Boom ein. Schließlich begann man im Jahre 1899 mit dem Bau des Hafens in Long Beach.

Im ersten Jahrzehnt des 20. Jahrhunderts wuchs die Stadt weiter, von 100 000 Einwohnern zur Jahrhundertwende auf 320 000 im Jahre 1910. 97 Prozent aller Familien lebten damals schon in Einfamilienhäusern – der Grundstein für die Zersiedlung Südkaliforniens war damit gelegt. Der Eisenbahnbaron Henry Huntington finanzierte aber gleichzeitig ein ausgedehntes Straßenbahnnetz. Die knallrot gestrichenen Wagen der „Elektrischen“ verbanden alle Stadtviertel miteinander. Bis zu seinem Ende in den vierziger Jahren sollte das Straßenbahnnetz in Los Angeles eine Länge von fast 2000 Kilometern erreichen.

Im Jahre 1921 begann man schließlich damit, Parzellen auf einem kleinen Hügel nördlich von Long Beach zu vermessen und als Bauland zu verkaufen. Im Sommer wurden diese Arbeiten jäh unterbrochen, als die Shell-Ölgesellschaft erklärte, sie hätte unter diesem „Signal Hill“ Rohöl gefunden – sehr viel Rohöl. Die Landbesitzer verkauften die Bohrrechte für Millionen, es setzte ein ungeahnter Boom ein. Die Funde weiterer ergiebiger Ölquellen machten Südkalifornien schon zwei Jahre später zum größten Rohölproduzenten Amerikas. Noch heute wird in Long Beach Öl gefördert.

Auf jenem Rohstoff sitzend, der Verbrennungsmotoren antreibt, dauerte es nicht mehr lange, bis nahezu jeder Einwohner von Los Angeles ein Kraftfahrzeug wollte und es schließlich auch anschaffte. Die Straßenbahnen waren nicht mehr gut genug. Um der Verkehrslawine Herr zu werden, begann die Stadtverwaltung mit dem Bau von Freeways. Zunächst glichen sie den ebenerdigen deutschen Autobahnen. Später baute man die auf Stelzen geführten, mehrstöckigen Spaghettiknoten. Der damit zusammenhängende Bauboom und die mit dem Einstieg Amerikas in den Zweiten Weltkrieg beginnende Massenproduktion von Rüstungsgütern in Südkalifornien wirkten abermals als Magnet auf die Einwohner der von der Depression geplagten Gebiete des mittleren Westens. Um dem steten Zustrom der Zuwanderer Herr zu werden, wurde Tag und Nacht gebaut. In den fünfziger Jahren fielen pro Tag 1200 Hektar landwirtschaftliche Nutzfläche den Bulldozern zum Opfer. Los Angeles brauchte Platz für Häuser und die nötige Infrastruktur.

Mit dieser neuen Migrationswelle während und nach dem Zweiten Weltkrieg kamen auch erstmals zahlreiche schwarze Arbeiter mit ihren Familien ins Land der Sonne. Im Jahre 1931 waren nur weniger als 39000 Angelenos schwarzer Hautfarbe, obwohl inzwischen weit über eine Million Einwohner dort lebten. In den folgenden fünfzig Jahren sollte die Zahl der schwarzen Einwohner jedoch auf über 500000 steigen. Sie kamen vornehmlich aus den Südstaaten. Die damals noch strikt eingehaltene Politik der Rassentrennung ließ den schwarzen Zuwanderern keine andere Wahl, als in den ohnehin überfüllten Ghettos nach Wohnungen zu suchen. Der einflußreiche, ausschließlich von Weißen beherrschte Haus- und Grundbesitzerverein hatte nämlich Verordnungen durchgesetzt, nach denen es unter Strafe stand, Häuser in „weißen Wohnvierteln“ an Schwarze zu verkaufen.

Das größte schwarze Ghetto entstand enlang des südlichen Abschnittes der Central Avenue. Es wurde kurz „South-Central“ genannt. Obwohl die Rassentrennung längst aufgehoben ist, sind von den mehr als 150 000 heute in diesem Viertel lebenden Menschen nahezu 53 Prozent schwarz. Weitere 42 Prozent sind hispanischer Herkunft, und lediglich viereinhalb Prozent der Einwohner sind weißer Hautfarbe. Asiaten stellen nur den Bruchteil eines Prozentes. Auch der Stadtteil „Watts“, ein weiteres Ghetto der fünfziger Jahre, wird heute noch immer nahezu ausschließlich von Schwarzen bewohnt.

Dafür daß die Rassen damals sorgfältig getrennt blieben, sorgte der inzwischen legendäre Polizeipräsident von Los Angeles, William Parker. Er hatte sich Anfang der fünfziger Jahre einen Namen als „Saubermann“ gemacht, indem er äußerst scharf gegen korrupte Polizeibeamte vorging. Als Hüter von Recht und Ordnung fand er aber auch immer wieder Anlässe, seine Polizisten in die schwarzen Ghettos zu schicken. Mal gab es Razzien wegen angeblichen Rauschgifthandels, mal umstellten die Polizisten den Schwarzen gehörende Geschäfte. Weißen, die dort einkaufen wollten, wurde bedeutet, es sei doch viel zu gefährlich, sich in „schwarzen“ Vierteln aufzuhalten.

Gleichzeitig begannen sich schwarze Jugendliche in den Ghettos zu Banden zusammenzuschließen. Die „Gangs“ waren zunächst als Selbstschutz gedacht, denn immer wieder wurden schwarze Teenager von Gruppen gleichaltriger Weißer angegriffen. Die schwarzen Gangs gaben sich Namen wie die „Slausons“, die „Gladiators“, die „Farmers“, die „Outlaws“. Recht schnell entwickelte sich jedoch eine Konkurrenz zwischen den Gangs, die sich immer wieder in wilden Schlägereien entlud – ein weiterer Grund für Polizeichef Parker, mit Gewalt gegen die „kriminellen Elemente“ in den schwarzen Ghettos vorzugehen.

Unterdessen verlor die Region Südkalifornien nichts von ihrer magischen Anziehungskraft. Firmen wie Douglas,

Lockheed, General Dynamics und Northrop expandierten in bisher nicht vorstellbaren Dimensionen. Die Zivilluftfahrt begann zu einem Massentransportmittel zu werden und benötigte Verkehrsflugzeuge. Der Kalte Krieg war im vollen Gange, man brauchte Jagdbomber und Interkontinentalraketen. Um diese Güter herzustellen und zu entwickeln, benötigten die Unternehmen wiederum Arbeiter, Techniker und Ingenieure. Der „California Dream" zog erneut Hunderttausende in seinen Bann. Die Schwarzen seien während dieser Zeit, so schreibt der weiße Soziologe Mike Davis, weitgehend von den lukrativen Jobs ausgeschlossen gewesen. Der mit dem Wirtschaftsboom einhergehende „endlose Sommer" der weißen Teenager Südkaliforniens in den Jahren 1959 bis 1965 – exemplarisch abzulesen am Erfolg der Beach Boys und ihrer „Surfing Music" – habe sich für die gleichaltrigen Schwarzen zu einem „Winter der Unzufriedenheit" entwickelt. In dieser Zeit nahm die Arbeitslosigkeit unter Schwarzen von zwölf auf zwanzig Prozent zu, in Watts stieg sie sogar auf dreißig Prozent.

Von der Bürgerrechtsbewegung politisch motiviert, von der Polizei immer häufiger provoziert und vom Wirtschaftsboom vergessen, nahm unter den schwarzen Gangmitgliedern die Bereitschaft zur Gewalt zu. Die schwarzen Jugendlichen kamen unter den Einfluß der „Black Muslims" und von Malcolm X. Black Power wurde zu ihrem neuen Symbol. Wie überall in Amerika brodelte es im Sommer 1965 auch in den Ghettos von Los Angeles. Als die Polizei an einem heißen Abend im August 1965 einen schwarzen Autofahrer nach einer Verfolgungsjagd festnahm und dabei nicht gerade zimperlich mit dem Verdächtigen umging, explodierte das Pulverfaß im Ghetto von Watts. Sechs Tage lang lieferten sich die Schwarzen mit Polizei und Nationalgarde Straßenkämpfe. Bis zu 75 000 Einwohner des Stadtteils, so fand eine Kommission später heraus, hätten sich an den Unruhen beteiligt. Als die Behörden nach knapp einer Woche die Kontrolle über Watts wiedererlangt hatten, zählte man 38 Tote und und Hunderte Verletzte. Eine der überraschenden Folgen des Aufstandes in Watts war, daß die beiden größten Gangs, die „Gladiators“ und die „Slausons“, Frieden schlossen. Statt gegeneinander zu kämpfen, ging man gemeinsam gegen Polizei und Nationalgarde vor.

Wie in vielen anderen amerikanischen Städten begann Ende der sechziger Jahre die Sozialpolitik von Präsident Johnson zu greifen. Die Bürgerrechtsgesetze, die Programme der „Great Society“ und der von Johnson erklärte Krieg gegen die Armut führten viele Schwarze aus den Ghettos heraus, zunächst in vernünftige Schulen, dann in Betriebe, später in Universitäten. Im Rahmen einer unter Präsident Nixon ins Leben gerufenen „konzertierten Aktion“ von Regierung, Industrie und Gewerkschaften entstanden in South-Central sogar Industriebetriebe, die vornehmlich schwarze Einwohner anstellten.

Obwohl Los Angeles weiterhin vom „Weißen Geldadel“ dominiert wurde, wählte die Bevölkerung im Jahre 1973 erstmals einen Schwarzen zum Bürgermeister. Tom Bradley, der Sohn eines Baumwollpflückers aus Texas, hat die Rassendiskriminierung am eigenen Leibe miterlebt. Zunächst als Bewohner der Ghettos, später als einer der ersten schwarzen Polizisten unter Polizeipräsident Parker. Der Demokrat Bradley wurde der erste schwarze Bürgermeister in einer amerikanischen Stadt mit weißer Bevölkerungsmehrheit. Er setzte, wie ein Jahrhundert zuvor die republikanischen Journalisten Otis und Lummis, auf Wachstum. Er verstand es aber gleichzeitig, ausgleichend auf die verschiedenen Interessen der zahlreichen Bevölkerungsgruppen in seiner Stadt zu wirken. Einer von Bradleys größten Erfolgen war im Jahre 1984 die Ausrichtung der Olympischen Spiele in LA. Diese weltweit vom Fernsehen übertragenen Sportwettkämpfe trugen abermals zur Steigerung der Attraktivität von Los Angeles bei.

Heute kommen die Migranten aber nicht mehr ausschließlich aus anderen amerikanischen Bundesstaaten.

Vielmehr begann man in Asien und in den Armenvierteln Mittelamerikas mit Neid auf den Wohlstand Südkaliforniens zu schauen. Man kam als „Boat People“ aus Vietnam oder legaler Einwanderer aus den Philippinen. Gut ausgebildete Südkoreaner versuchten in LA ihr Glück. Aus Mittelamerika brachen Tausende nach „El Norte“ auf. Sie machten sich – meist als illegale Einwanderer – nördlich von Tijuana in Südkalifornien auf die Suche nach einer besseren Zukunft.

Anfang der siebziger Jahre lebten in Los Angeles noch etwa gleich viele Schwarze und Hispanics, nämlich jeweils etwa 400 000. Zehn Jahre später war die Zahl der Latinos schon auf 815 000 gestiegen, nach der letzten Volkszählung im Jahre 1990 hatte sich ihre Zahl auf 1,4 Millionen erhöht. Die Einwohner hispanischen Ursprungs stellen vier Zehntel der Bevölkerung des Landkreises Los Angeles und sind damit die größte Minderheit. Der Anteil der weißen Bevölkerung beträgt nur etwa 37 Prozent. In diese Rechnung sind allerdings die überwiegend weißen Vorstädte in den Landkreisen Orange, Riverside und San Bernadino nicht einbezogen. Die Zahl der schwarzen Einwohner von LA beträgt knapp 490 000, hat sich also gegenüber 1970 nur unwesentlich erhöht. Asiaten stellen mittlerweile zehn Prozent der Bevölkerung.

Die Stellungen, welche die neuen Bürger von Los Angeles fanden, spiegeln den Strukturwandel wieder, den die Region in den vergangenen zwei Jahrzehnten durchmachte. Statt in der Industrie zu arbeiten, kamen die meisten Neuankömmlinge im Dienstleistungsgewerbe unter. Handwerker, Sekretärinnen, Busfahrer, Polizei – es gibt kaum einen Gewerbezweig, in dem Latinos nicht beschäftigt sind. Die Einwanderer aus Asien kamen durchweg mit einer besseren Vorbildung nach Kalifornien als die Latinos. Sie schafften den Sprung aus den „barrios“ zu bescheidenem Wohlstand also schneller. Viele der kleinen „Tante-Emma-Läden“ in allen Stadtteilen und Vororten von LA sind heute fest in asiatischer Hand. Selbst in South-Central und in Watts werden viele Geschäfte von Koreanern geführt.

Ebenso wie sie vom Aufstieg der Luft- und Raumfahrtindustrie Südkaliforniens vor 30 Jahren ausgeschlossen waren, nahmen die schwarzen Einwohner nur wenig am Boom im Dienstleistungsgewerbe teil. Es wird von einer latinoasiatischen Koalition beherrscht. Diese Tatsache und die schrumpfende Zahl der Arbeitsplätze in Industrie und Gewerbe hat erneut zu einer Verelendung der Schwarzen geführt. In South-Central leben etwa 40 Prozent der schwarzen Familien unter dem staatlich festgesetzten Existenzminimum. Unter den schwarzen Jugendlichen liegt die Arbeitslosenquote bei über 40 Prozent – höher als im heißen Sommer des Jahres 1965. Schlimmer noch: Immer mehr Schwarze kommen mit dem Gesetz in Konflikt. In den Gefängnissen der Landkreise Südkaliforniens sind 47 Prozent der Insassen schwarze Männer. Ihr Anteil an der Bevölkerung liegt dagegen nur bei sechs Prozent.

Eine der Ursachen für die zunehmende Kriminalität ist das Rauschgift, vor allem Crack-Kokain. Der Drogenhandel ist fest in den Händen der neuen Gangs, der eingangs erwähnten „Crips“, der „Bloods“ und der anderen 228 Banden, deren Namen die Polizei von LA kennt. Crips und Bloods haben sich bis zu den den Unruhen des Jahres 1992 erbittert bekämpft. Nun wolle man zusammenstehen – das Grafitto auf den verkohlten Grundmauern verkündet es. Statt einander zu erschießen, werde man nun gemeinsam für „Black Power“ kämpfen, sagt das Crips-Mitglied Oz Dog. Die gemeinsamen Feinde wurden auf einem Flugblatt identifiziert – nämlich die „brutale Polizei“, die „schlitzäugigen Geschäftemacher“ und überhaupt alle, die gegen „Blacks“ sind.

Das Goldene Tor zum Pazifik

Langsam, viel zu langsam schiebt sich die Autokolonne dreispurig vorwärts. Im dichten Nebel ist das Ende der Schlange schon längst nicht mehr auszumachen. Aus dem Autoradio klingt leise Musik von San Franciscos Säuselsender KOIT. Genau unter einem dunkelrot gestrichenen Pfeiler kommt der Verkehr völlig zum Erliegen. Bei einem Kleinwagen kocht das Kühlwasser. Der Dampf vermischt sich mit den Nebelschwaden. Danach läuft es etwas zügiger. Aus den Seitenfenstern reichen Arme, Dollarnoten wehen im Fahrtwind zwischen den Fingern. Ein kurzer Stopp an einem Glashäuschen. Ein Mann in Uniform wünscht einen guten Morgen und greift gekonnt nach dem Geld, während das Autoradio gerade Simon and Garfunkel's Hit „Like a Bridge over Troubled Water" spielt.

Im morgendlichen Berufsverkehr in Richtung San Francisco gibt es stets irgendwo „Trouble". Schon ein kochender Kühler oder eine Reifenpanne verursachen kilometerlange Schlangen. Dann kann man nur auf klare Sicht hoffen, denn ein Stau auf einer der Brücken in der Stadt am Pazifik hat seinen besonderen Reiz. Gewiß, manche Autofahrer haben die Brückenphobie: Wenn jetzt nur kein Erdbeben kommt! Doch die meisten nehmen's leicht und genießen einen der grandiosesten Ausblicke in Amerika. Links die Bucht, die Stadt womöglich im rötlichen Licht der Morgensonne, die ehemalige Gefängnisinsel Alcatraz, die Berkeley Hills und Mount Diablo im Hintergrund. Rechts das offene Meer, Stiller Ozean bis Japan. Mit ein wenig Glück sieht man die Farallons, kleine Inseln 20 Kilometer vor der Küste. Wenn aber plötzlich Nebelschwaden die Sicht versperren – dann hilft auch das Bewußtsein nicht weiter, daß man sich auf der Brücke über das Goldene Tor befindet. Dann wird auch auf der „Golden-Gate-Bridge" ein Verkehrsstau zum Ärgernis.

Am 27. April 1937 wurde die letzte Niete in die eine Million Tonnen schwere Stahlkonstruktion getrieben. Die Niete war aus purem Gold – so wie der Nagel, der im Jahre 1869 im kleinen Ort Promontory in Utah in die letzte Schwelle der ersten transkontinentalen Eisenbahn gehämmert wurde. Doch als die Schlosser Ed Stanley und Ed Murphy hoch über dem Goldenen Tor ihre Niethämmer ansetzten, brach der Kopf der Niete ab. Das Gold war zu weich. Die Niete fiel, in der Sonne glitzernd, achtzig Meter tief ins Wasser. Stanley zog eine Niete aus Stahl aus der Tasche, und die beiden Arbeiter setzten sie kurzentschlossen ein. Die „unmögliche" Brücke war fertig.

Dieser Zwischenfall war symptomatisch für den Bau der Brücke. Seit Anfang der zwanziger Jahre hatte Chefingenieur Joseph Baermann Strauss vergeblich versucht, Politiker, Bankiers und Einwohner von der Notwendigkeit einer Brücke über das Goldene Tor zu überzeugen. Selbst seine Ingenieurkollegen waren skeptisch, ob sich die meilenlange Meerenge zwischen der Stadt San Francisco im Süden und dem Landkreis Marin im Norden jemals überbrücken ließe. Charles Ellis, ein von Strauss angeworbener Hochschullehrer, brütete monatelang über den Konstruktionsplänen. Geologen warnten vor Erdbeben, Meteorologen vor Orkanen, Ozeanographen vor den gefährlichen Strömungen in den „troubled waters" am Golden Gate. Aller Kritik zum Trotz schaffte Strauss – nachdem er Ellis gefeuert hatte, mit kräftiger Hilfe des Ingenieurs Clifford Paine – dann doch das schier unmögliche. 2737 Meter lang überspannt diese Brücke das Tor zum Pazifik. Trotz seiner Größe ist das Bauwerk elegant. Für viele ist es gar der Inbegriff einer Hängebrücke. Hier scheint das Gesetz der Schwerkraft nicht zu gelten. Diese Brücke und ihre zwei roten Art Deco-Türme sind eine Zierde für die Landschaft.

Nach dem Zwischenfall mit der Goldniete putzten und polierten Arbeiter die gerade fertige Brücke einen ganzen Monat lang. Die Stadt und ganz Kalifornien gerieten in Festtagsstimmung. Am 27. Mai, einem Donnerstag, bekamen Kinder schulfrei, Ämter und Büros schlossen. Zweihunderttausend Menschen machten sich die Brücke zu eigen. Sie gingen, sie rannten, sie tanzten über die Brücke. Florentin Calegari war der erste Mensch, der die Brücke auf Stelzen überquerte. Die Schwestern Carmen und Minnie Perez liefen als erste Rollschuh auf dem frischen Beton. Erst am nächsten Tag durften die ersten Privatwagen das Golden Gate überqueren.

Heutzutage rollen pro Tag etwa 50 000 Autos über die Brücke. Die Maut kostet drei Dollar pro Fahrzeug, Fußgänger und Radfahrer brauchen nichts zu zahlen. Immer wieder versuchen Draufgänger, Selbstmörder und Abenteurer eines der armdicken Stahlseile zu erklimmen, welche die Brücke zusammenhalten. Es gibt jedoch einen einfacheren und weit ungefährlicheren Weg auf die Brückentürme hinauf. Ein enger Aufzug – er erinnert an einen Förderkorb einer Schachtanlage – bringt die Angestellten der Brückengesellschaft in wenigen Minuten auf die Spitze der Pfeiler. Man muß sich schon mächtig gegen die schwere Stahltür stemmen, um vom Aufzugsschacht nach außen auf die Querstrebe des Turms zu gelangen. Der Wind, der ohne Unterlaß durch das Goldene Tor zu wehen scheint, ist so stark.

Nach Osten zu unterscheidet sich die Aussicht aus luftiger Höhe kaum vom Blick von der weit unterhalb liegenden Fahrbahn. Nach Westen jedoch scheint man in eine vergangene Zeit zurückzublicken, in eine Zeit in der keine Brücke das Golden Gate überspannte. Vom engsten Punkt der Meerenge aus entfernen sich die beiden Halbinseln in weitgeschwungenen Parabeln voneinander. Das Grün der Hügel macht dem Grau des Pazifik Platz. Bis auf den Wind ist es still, gelegentlich kreuzt ein Segelboot unter der Brücke hindurch. Wer sich von der einmaligen Aussicht einfangen und die Phantasie etwas spielen läßt, kann sich vorstellen, wie Kapitän Josiah Cressy auf dem Clipper „Flying Cloud“ oft diese Meerenge durchsegelte.

Im Jahre 1854, zum Höhepunkt des kalifornischen Goldrausches, hatte dieser Dreimastklipper die 23 330 Kilometer

Strecke von New York rund ums Kap Hoorn nach San Francisco in der Rekordzeit von weniger als 89 Tagen und acht Stunden zurückgelegt. Flying Cloud galt als eines der elegantesten Segelschiffe der Welt. Gebaut wurde es in Boston auf der Werft von Donald McKay, einem der erfahrensten Schiffbauer Amerikas. Im Jahre 1851 lief das knapp 70 Meter lange Schiff vom Stapel. Bereits ein Jahr später kreuzte Kapitän Cressy mit ihm zum erstenmal um Kap Hoorn. Der Dreimaster mit seinen 35 Segeln transportierte Goldgräber und Ausrüstung nach Kalifornien. Am 23. August legte das Schiff in San Francisco an, nachdem es 89 Tage und 21 Stunden auf See war. Zwei Jahre später brach Cressy erneut von New York nach San Francisco auf. Am Ziel hatte er seinen eigenen Rekord um 13 Stunden unterboten.

Insgesamt, so erklärt John Lyman vom Schiffahrtsmuseum in San Francisco, habe es nur 25 Clipperschiffe gegeben, welche die Reise von New York nach San Francisco um den amerikanischen Kontinent in weniger als 100 Tagen schafften. Mit seinen zwei Rekordfahrten seien Kapitän Cressy und die Flying Cloud die absoluten Stars unter den Seglern der damaligen Zeit gewesen. Allerdings blieb es Cressy versagt, einen Rekord zu brechen, den der Clipper „Northern Light“ bereits im Jahre 1853 aufstellte. Das Schiff schaffte damals die Reise an die Ostküste, vom Golden Gate nach Boston, in nur 76 Tagen und sechs Stunden. Dieser Rekord ist bis heute ungebrochen.

Doch die Flying Cloud fand ein unwürdiges Ende. Mit dem Abflauen des Goldrausches verkaufte der damalige Reeder das elegante Schiff an einen Holzhändler in Neuengland. Er transportierte mit der Flying Cloud Baumstämme von Kanada nach Boston. Im Jahre 1874 strandete das Schiff bei einem Sturm in der Nähe von St. Johns in Neufundland. Der völlig aus Holz bestehende Rumpf wurde am Strand verbrannt.

An das stolze Clipperschiff haben sicherlich nur wenige

der mehr als eine halbe Million Menschen gedacht, welche die Golden-Gate-Brücke an ihrem fünfzigsten Geburtstag regelrecht stürmten. Nach vielen Anlaufschwierigkeiten hatte es ein Festkomitee durchgesetzt, daß die Brücke am Festtag zum erstenmal seit ihrer Einweihung vollständig für den Fahrzeugverkehr gesperrt wurde. Bei strahlendem Sonnenschein kamen an diesem Sonntagvormittag so viele Besucher, daß der Fußgängerverkehr völlig zusammenbrach. Die Brücke war buchstäblich voll von Menschen. Es dauerte schließlich Stunden, bis der letzte Fußgänger die Brücke verlassen und der Autoverkehr wieder rollen konnte. Nie zuvor, so meinten die Brückenwärter später, sei das Bauwerk einer größeren mechanischen Belastung ausgesetzt gewesen, wie durch das Gewicht der vielen Menschen an ihrem Geburtstag.

Leider konnte keiner der am Bau beteiligten leitenden Ingenieure mehr diese eindrucksvolle Bestätigung der statischen Berechnungen bewundern. Strauss starb schon ein Jahr nach der Eröffnung der Brücke. Ellis erlag im August 1949 einem Herzleiden. Paine starb im Juli 1983 im stolzen Alter von 95 Jahren. Im Jahre 1965 verschied auch Othmar Herman Ammann, einer der drei unabhängigen, beratenden Ingenieure für das Golden-Gate-Projekt. Dieses Gremium wurde von den Brückenfinanziers geschaffen, um den schlitzohrigen und profilsüchtigen Chefingenieur Strauss zu kontrollieren. Allerdings hätte sich Strauss keinen besseren Berater wünschen können. Der im Jahre 1879 in Schaffhausen am Rhein geborene Ammann war zur Zeit seiner Berufung nämlich Chefingenieur der Hafenverwaltung in New York und einer der angesehensten Brückenkonstrukteure in Amerika. Er hatte 1931 die George-Washington-Bridge über den Hudson nach Manhattan gebaut. Mit 1067 Metern Spannweite war sie damals die längste Hängebrücke.

Im Jahre 1897 hatte der 19 Jahre alte Amman als Student bei der Maschinenfabrik Esslingen volontiert. Die Fabrik bekam damals gerade den Auftrag zum Bau einer Hängebrücke über das Flüßchen Argen zwischen den Bodenseegemeinden Kreßbronn und Langenargen. Ammann machte sich genau mit den Konstruktionsprinzipien der Brücke vertraut. Ihre Spannweite betrug nur 72 Meter, ihre vier Pylone waren nicht aus Stahl, sondern aus Naturstein, doch die Ähnlichkeit mit der Golden-Gate-Brücke ist unübersehbar. Die Gemeinde Langenargen schmückt sich gern damit, daß ihre Brücke Vorbild für die Hängebrücke am Pazifik war. Beweisen läßt sich das nicht, denn Ammann war nie direkt mit der Konstruktion der Golden-Gate-Brücke beauftragt. Die ursprünglichen Pläne von Strauss sahen jedoch eine häßliche Auslegerbrücke vor, deren Stahlträger wie Fremdkörper am Goldenen Tor gewirkt hätten. Wahrscheinlich ist es Ammanns Einfluß zu verdanken, daß heute eine Hängebrücke das Goldene Tor überspannt. Bei der kleinen Schwester über die Argen gibt es allerdings keine Verkehrsstaus. Seitdem das Bauwerk im Jahre 1982 unter Denkmalschutz gestellt wurde, ist es nur noch für Fußgänger und Radfahrer zugelassen. Davon können die Kalifornier nur alle fünfzig Jahre einmal träumen.

II

Nur in Kalifornien ist es möglich, morgens im Pazifik zu surfen und nachmittags in der Sierra Nevada Ski zu laufen. Dieses Land hält für alle etwas bereit, für Bergsteiger, für Naturfreunde, für Goldsucher und auch für Aussteiger. Wer Glück hat, kann sogar den größten Vogel Nordamerikas, den Kondor, durch Kaliforniens Lüfte schweben sehen. Doch selbst die Nationalparks, wo Naturschutz par excellence betrieben wird, haben heute mit den Problemen der Zivilisation zu kämpfen.

Von Gletschern, Staub und Bären

Die Haftreibung eines Gegenstandes auf einer schiefen Ebene, so heißt es in den Lehrbüchern der Theoretischen Physik, sei proportional zum Reibungskoeffizienten sowie zu jener Komponente der Schwerkraft, die senkrecht auf die Ebene wirke. Beigefügt ist meist eine Skizze, die dieses Naturgesetz erklärt. Wenn jedoch der „Gegenstand" ein in Bergstiefeln stehender, mit einem schweren Rucksack beladener menschlicher Körper ist und die schiefe Ebene sich um mehr als 40 Grad einige hundert Meter tief neigt, fällt es nicht immer leicht, an die Allgemeingültigkeit des Reibungsgesetzes zu glauben. Außerhalb der ausgetretenen Wanderpfade in der kalifornischen Sierra Nevada, auf den gletschergeschliffenen Granithängen dieses über 600 Kilometer langen Gebirgsmassivs, lernt allerdings auch der ungeübte Wanderer schnell, der Physik zu vertrauen.

Die „Sierra", wie das Gebirge von Kaliforniern kurz genannt wird, ist für viele gleichbedeutend mit dem Yosemite-Nationalpark, mit Mount Whitney, dem höchsten Berg

Kontinentalamerikas, und mit den großen Ständen voller Mammutbäume. Doch das Gebirge ist mehr als eine touristische Spielwiese. In seinem Gestein lag die Ursache jenes legendären Goldrausches, der Kalifornien vor 140 Jahren aus seinem Westküstenschlaf weckte. Das Gebirge wirkt außerdem als wichtigste Wasser- und Klimascheide im westlichen Amerika. Es ist aber auch ein geologisches Bollwerk. Im Osten wirft und faltet sich die Erdkruste in der Basin- and-Range-Province der Staaten Idaho, Utah, Nevada und Arizona. Im Westen liegen das kalifornische Zentraltal und das Küstengebirge, Gebiete hoher geologischer Aktivität, die von Erdbeben regelrecht durchgeschüttelt werden. Dazwischen erhebt sich das hellgraue Granitmassiv der „Sierra", dessen kahle Felsen nicht nur auf den Schwarz-Weiß-Fotos von Anselm Adams für die Ewigkeit gemacht zu sein scheinen.

Die Sierra Nevada ist der ruhende Pol in der tektonisch nervösen Landschaft des Wilden Westens. Doch trotz ihrer Größe ist die Sierra Nevada ein sanftes Gebirge. Sie wirkt nicht drohend, steil und dunkel, wie manche Bergzüge in den Alpen. Es gibt nur wenig schroffe, zackige Wände. Keine Klamm versperrt dem Wanderer den Weg. Düstere Gebirgsromane hätten in der Sierra nicht geschrieben werden können. Die runden Formen des hellgrauen Granit unter dem azurblauen Himmel lassen nichts von der Schwermut aufkommen, die gelegentlich über den Hängen der Alpen liegt. John Muir, der große Erforscher der Sierra Nevada, nannte sie das „Gebirge des Lichtes".

Daß die heutige Sierra so hell und einladend erscheint, hat seine Ursache in zwei dunkleren Perioden ihrer Geschichte. Das Gebirge ist geologisch gesehen ein Batholith, ein Gesteinsmassiv, das aus dem tiefen Inneren der Erde aufquoll. Etwa 150 Millionen Jahre brauchten die verschiedenen Elemente dieses Batholiten, bis sie sich bis knapp unter die Erdoberfläche hochgearbeitet und dabei ein gewaltiges Gebirge aufgeworfen hatten. Auf der möglicherweise bis in den Erdmantel hinabreichenden tiefen Wurzel des Gebirges beruht wohl auch die Unempfindlichkeit der Sierra gegen die tektonische Bedrängnis von Ost und West.

Mit dem Beginn der Eiszeiten vor drei Millionen Jahren begannen Gletscher damit, die batholitischen Granitberge zu runden Kuppen abzuschleifen. Manche Wissenschaftler meinen, die Gletscher hätten dabei eine ein bis zwei Kilometer dicke Gesteinsschicht abgehobelt. Mit ihren teilweise über 4000 Meter hohen Gipfeln ist die Sierra Nevada heute das höchste Gebirge in den 48 zusammenhängenden amerikanischen Bundesstaaten. Wieviel imposanter müssen die Berge erst vor den Eiszeiten ausgesehen haben? Noch heute gibt es etwa 60 Schneefelder an den Nordhängen einzelner Gipfel, die das ganze Jahr über nicht abschmelzen – eine stete Erinnerung an die massiven Gletscher, die bis zu 100 Kilometer lang über die sanften Westhänge ins Zentraltal flossen.

Die nivellierende Wirkung der Gletscher – breite Täler und sanfte Bergrücken – und das von Mai bis Oktober durchweg strahlende kalifornische Wetter machen die Sierra Nevada heute zu einem idealen Wandergebiet. Nach John Muir ist einer der längsten Wanderwege in der Sierra benannt. Der Muir-Trail verbindet auf einer Länge von 340 Kilometern den Mount Whitney im Sequoia-Nationalpark im Süden mit dem Yosemite-Park im Norden. Der Sequoia-Park selbst läßt sich von West nach Ost zwischen der Rangerstation in Lodgepole und Mount Whitney auf dem Sierra-Höhenwanderweg durchqueren. Im benachbarten Kings-Canyon-Nationalpark ist die kürzeste West-Ost-Traverse durch die Sierra Nevada über einen gut 40 Kilometer langen Wanderweg möglich. Von Cedar Grove führt der Weg entlang dem Bubbs-Creek zum Kearsarge-Paß und dann steil hinab ins Owens-Tal am Ostrand des Gebirges.

Bei Wanderungen durch die Sierra muß der Tourist allerdings auf vieles verzichten, was er aus den Alpen oder den deutschen Mittelgebirgen gewohnt ist. Es gibt keine bewirtschafteten Hütten in der Sierra Nevada. Nach einer langen

Tagesetappe warten demnach weder ein kühles Weizenbier noch ein einfaches Matrazenlager auf den Wanderer. Das gesamte Essen, das für eine mehrtätige Wanderung nötige Kochgeschirr sowie Schlafsack und Zelt müssen deshalb im Rucksack mitgenommen werden. Das setzt eine genaue Planung vor dem Aufbruch voraus.

Doch selbst der beste Essensplan kann bereits in der ersten Nacht durchkreuzt werden, wenn man die Warnungen der Ranger vor Bären nicht ernst nimmt. In der Sierra Nevada gibt es mehrere hundert Braunbären, die in der Regel ungefährlich sind. Viele von ihnen haben aber gelernt, daß es einfacher ist, in den Rucksäcken der Wanderer nach Futter zu suchen, als in der „freien Wildbahn". An den meisten Biwakplätzen entlang der Wanderwege haben die Park- und Forstverwaltungen deshalb Bärenkästen aufgestellt oder Bärenseile zwischen zwei hohen Bäumen gespannt. Die mit einem Schloß versehenen Bärenkästen erinnern an Stahltresore. Es wird jedem Wanderer geraten, sein Essen während der Nacht in einem dieser Kästen zu verschließen oder in einer Plastiktüte an dem Bärenseil aufzuhängen. Schon viele Wanderer, die sich nicht an die Warnungen gehalten haben, sind morgens neben ihrem zerfetzten Rucksack aufgewacht, aus dem ein Bär in der Nacht alle Nahrung gestohlen hatte.

Obwohl die Bäche und Seen in der Sierra Nevada kristallklar erscheinen, raten die Ranger dennoch davon ab, das Wasser unbehandelt zu trinken. Ein kleines Protozoon, Giardia lamblia, hat außer in den Oberläufen der Bäche im Hochgebirge alle Oberflächengewässer in der Sierra verseucht. Eine Infektion führt zur Giardiasis, einer schwer zu behandelnden, langanhaltenden Durchfallkrankheit. Das Trinkwasser sollte deshalb mehrere Minuten lang abgekocht oder mit Chlor- oder Jodtabletten desinfiziert werden.

Ein weiterer Punkt, der viele europäische Wanderer in der Sierra Nevada stört, ist der Staub. Schon der natürliche Erosionsvorgang zermalmt Granitgestein zu Sand. Viele der Wanderwege in der Sierra werden aber auch von Pferde-

und Mauleselkarawanen benutzt. Unter den Hufen der Tiere beschleunigt sich der Erosionsprozeß, und der Sand wird zu einem feinen Staub zermahlen. Da es im Sommer im Gebirge nur gelegentlich während eines Gewitters regnet, ist dieser Staub auf den Wanderwegen allgegenwärtig.

Die gesamte höhergelegene Sierra Nevada untersteht der nationalen Park- oder Forstverwaltung. Für jede mehrtätige Wanderung in diesen Gebieten muß man sich bei den zuständigen Rangern ein „Permit" besorgen. Darauf sind die Wanderroute sowie die Dauer der Wanderung vermerkt. Die Zahl der für ein Gebiet ausgegebenen Wandergenehmigungen ist begrenzt. Aus Gründen des Naturschutzes soll nämlich pro Tag nur eine bestimmte Anzahl von Wanderern ein Gebiet aufsuchen. Diese Quotenregelung wird von den Rangern genau überwacht. Selbst der Hinweis, daß man als Tourist aus Übersee doch nur wenige Tage Zeit für die Wanderung habe, stößt bei den Rangern in der Regel auf taube Ohren. Wenn ein Gebiet „voll" ist, muß man entweder einige Tage warten oder eine andere Route wählen.

Wer trotz dieser uneuropäischen Zustände loswandert, findet schon nach wenigen Kilometern eine fast menschenleere, urtümlich wilde Landschaft, wie es sie in der Alten Welt vielleicht nur noch in abgelegenen Teilen des Balkan oder der Hohen Tatra gibt: Kilometerlange, weite Täler, durch die Bäche rauschen; von Moränen gedämmte, tiefblaue Seen, die zum Angeln und Schwimmen einladen; saftig grüne Wiesen, in denen Blumen in allen Farben des Regenbogens blühen. Gelegentlich schlängelt sich der Weg durch ein Lawinenfeld. Meterdicke Fichten und Zedern liegen, wie Streichhölzer geknickt, auf dem zerwühlten Erdboden. Das einzige, was bei solchen Wanderungen an Zivilisation erinnert, sind silbrigglänzende Düsenflugzeuge, die in 10 Kilometern Höhe scheinbar lautlos durch den blauen Himmel fliegen.

Die volle Schönheit der Hohen Sierra erschließt sich dem Wanderer allerdings erst dann, wenn er die Wanderwege verläßt und auf eigene Faust Routen und Wege durch die einzelnen Gebirgszüge sucht. Ein Gelände, das sich außergewöhnlich gut für solche Extratouren eignet, sind die „Tablelands“ im Grenzgebiet zwischen dem Kings-Canyon- und dem Seqouia-Nationalpark. Gletscher haben dort in über 3000 Metern Höhe ein fast 40 Quadratkilometer großes, leicht gewelltes Plateau ausgefräst. In vielen Bodensenken stehen kleine Tümpel, und fast immer findet sich in deren Nähe eine kleine Grasfläche, auf der der Wanderer seinen Schlafsack ausbreiten kann. Wer dort oben eine mondlose Nacht im Zelt und nicht unter freiem Himmel verbringt, ist entweder völlig unromantisch oder hat Angst vor den wenigen Mücken, die es lediglich in den Monaten Juni und Juli in dieser Höhe gibt. Er verpaßt den Ausblick auf einen Sternenhimmel, wie man ihn in Europa nur selten sieht. Kein Lichtschein einer Stadt, keine Straßenlaterne und keine Autoscheinwerfer trüben den Blick auf Milchstraße, Sterne und Planeten.

Vom Tablelands aus ist es eine Tageswanderung in die wilde Berglandschaft der „Great Western Divide“. Der Weg führt auf einem Grat an einer verlassenen Kupfermine vorbei. In 3600 Meter Höhe haben dort Anfang des Jahrhunderts Bergleute blau-grüne kupferhaltige Mineralien abgebaut und auf dem Rücken von Mauleseln 80 Kilometer weit in die „Zivilisation“ transportiert. Von den Bergseen der Great Western Divide sind mehrere über 4000 Meter hohe Gipfel in jeweils wenigen Stunden zu besteigen: Mount Brewer, Table Mountain und Thunder Mountain. Obwohl das Gestein oberhalb von 3800 Meter etwas brüchig wird, sind weder Seil noch sonstige bergsteigerische Sicherungen nötig.

Von diesen Gipfeln hat man nach Osten einen einzigartigen Blick auf die Whitney-Kette. Die Kette und ihr Hauptberg ist zwar um 200 Meter höher als die Great Western Divide – doch meist klettern auch zweihundertmal mehr Menschen auf den Mount Whitney als auf die anderen Viertausender der Sierra. An manchen Wochenenden, besonders um den 4. Juli, den amerikanischen Unabhängigkeitstag, erklimmen bis zu tausend Wanderer den mit 4413 Meter höchsten Berg des amerikanischen Festlandes. Auf dem Mount Whitney geht es dann nicht viel anders zu als auf einem der beliebten Alpengipfel im Hochsommer. Auf den Tablelands oder in der Great Western Divide wird man dagegen tagelang keinem Menschen begegnen.

Dort kann der Wanderer dann auch die Gültigkeit der Reibungsgesetze ausprobieren. Granit hat, mit seinen drei Komponenten Feldspat, Quarz und Glimmer, neben Sandstein einen der höchsten Reibungskoeffizienten aller Gesteine. Die Sohle eines guten Bergschuhs „klebt" förmlich daran fest – solange die senkrecht zum Gestein weisende Komponente der Schwerkraft groß genug ist. Intuitiv ist der ungeübte Wanderer jedoch versucht, in der Hocke oder auf allen Vieren eine schräge Granitfläche hinaufzukriechen. Das verkleinert aber diese Kraftkomponente, die Haftreibung wird geringer und man kommt unweigerlich ins Rutschen. Die beste Reibung und damit den sichersten Schritt hat, wer aufrecht geht. Wie sollte man ein so freundliches Gebirge wie die Sierra Nevada auch anders durchschreiten?

Keine Stille im Tal des Todes

Wieviel Gold er in seinem Leben schon gefördert hat, weiß Frank Harris nicht – vielleicht will er es auch nur nicht sagen. Ebenso zurückhaltend ist er mit der Auskunft über sein Alter. Als es auf 70 Jahre geschätzt wird, lächelt er nur verschmitzt. Doch sonst ist Harris, der letzte Goldgräber im Tal des Todes, ein geradezu geschwätziger Mann. Bereitwillig zeigt er dem unangekündigten Besucher die Goler-Mine, die er für die Keystone-Mining-Corporation aus Colorado in den gottverlassenen Panamint-Bergen am Westrand des Death Valley betreibt. Harris' Stolz ist jedoch nicht unbedingt das Gold, das seine 14 Mitarbeiter mit Abbauhämmern und

Dynamit dem Berg am Ende eines 300 Meter langen Stollens aus einem Quarzgang entreißen. Der alte Bergmann führt den Besucher in einen unscheinbaren Holzschuppen. Dort zeigt er liebevoll auf eine 100 Jahre alte Apothekerwaage. Sie zeige Gewichte auf 0,1 Milligramm genau an, meint er.

Der Schuppen erinnert eher an ein chemisches Labor als an die Unterkunft eines Goldgräbers. Glasgefäße mit Säuren und anderen Chemikalien stehen sauber aufgereiht auf einem Regal. Auf Hunderten von Schmelztiegeln sind seltsame Kodierungen vermerkt. Harris nimmt einen der Tiegel und neigt ihn leicht ins gleißende Sonnenlicht. Auf dem Boden glitzert feiner Staub puren Goldes. Ein leichter Windhauch, so fürchtet der Besucher, würde schon ausreichen, um die wenigen Milligramm dieses edelen Metalles zu verwehen. Keineswegs, meint Harris. Gold hat ein spezifisches Gewicht von 19 Gramm pro Kubikzentimer – beinahe zehnmal soviel wie Sand. Der Wind hat deshalb kein leichtes Spiel mit dem glitzernden Staub. Mindestens einmal am Tag untersucht Harris in seinem Labor den Goldgehalt jenes Gesteins, das seine Mineure aus dem Inneren des Berges fördern. Im Durchschnitt enthält eine Tonne davon etwa eine halbe Feinunze Gold. Pro Woche fahren Lastwagen auf Staubstraßen mehrere hundert Tonnen der Quarzbrocken zu einem Hüttenwerk ins 150 Kilometer entfernte Keeler. Das dort erschmolzene Rohgold verkauft Harris nur dann, wenn der Preis günstig ist.

Die Bergleute der Goler-Mine leben in einem der einsamsten Flecken Amerikas. Die nächste menschliche Siedlung ist 30 Kilometer entfernt und heißt Ballarat. Sie besteht nur aus einigen Bretterverschlägen am Rande eines ausgetrockneten Sees. Von dort sind es noch einmal zehn Kilometer bis zur nächsten geteerten Straße und dann 50 Kilometer zur Tankstelle nach Trona. Der Weg nach Ballarat führt durch ein Wadi, das stellenweise so eng ist, daß ein Lastwagen gerade eben hindurchpaßt. Nach Osten führt von der Mine ein schlechter Feldweg zum Mengel-Paß und damit in den Nationalpark „Tal des Todes“. Zwischen der Paßhöhe und der Touristenoase Furnace Creek liegt dann noch ein Weg von 70 Kilometern Länge. Er ist stellenweise so schlecht, daß der Fahrer gelegentlich um die Achsen seines Geländewagens fürchtet.

Die Fahrt mit einem Jeep in die hintersten Ecken des Death Valley räumt mit dem Vorurteil auf, das Tal des Todes sei einer der unzugänglichsten Plätze der Welt. Gewiß, es ist heiß, der nächste Krämerladen und die nächste Tankstelle sind vielleicht 100 Kilometer oder mehr entfernt. Doch es gibt kaum ein Seitental, kaum einen Wadi, in das nicht eine Piste führt – wenngleich fast immer nur als Sackgasse. Am Ende der Wege wartet oft genug eine sprudelnde Quelle auf den Besucher. Mit Sicherheit kann er aber Reste von Bergwerken aufspüren. Häufig trieb der Prospektor dabei nur einen wenige Meter kurzen Stollen in den Berg. Gelegentlich trifft man aber, wie im Goler Canyon, auf aktive Minen.

Die so abweisend erscheinende Wüstenlandschaft mit ihren vielfarbigen Bergen ist von den Spitzhacken und Dynamitstäben der Goldsucher regelrecht perforiert. Die Fahrt abseits von den Touristenstraßen wird deshalb zu einer Reise durch das Periodensystem der Elemente. Außer Uran und Kohle wurde in den zerklüfteten Bergen nahezu alles gefördert, was sich irgendwie an den Rohstoffbörsen verkaufen ließ: Gold und Silber, Blei und Zinn, Kupfer und Mangan, Talkum und Gips, Borax und Schwefel.

Der Mineralboom im Tal des Todes und in den umliegenden Gebirgsketten ist allerdings schon lange vorbei. Außer in der Goler-Mine wird noch in Rhyolite und Ryan Gold abgebaut. Einen Schwefel-Tagebau gibt es am Nordrand des Nationalparks. Doch von den wilden Tagen, in denen Schürfer, Mineure, Huren und Spekulanten in der trockenen Hitze an der Grenze zwischen Kalifornien und Nevada hart arbeiteten und entsprechend locker lebten, ist heute nichts mehr zu spüren. In Panamint City, einer Stadt, die ein

Silberboom vor 120 Jahren berühmt machte, ging es zeitweise so hoch her, daß sich selbst die verwegenen Burschen der Wells Fargo Bank und Postkutschenlinie nicht mehr dorthin trauten. Heute ist Panamint City nur noch eine Geisterstadt in einem engen, trockenen Tal. Vom Friedhof, auf dem manchmal drei bis vier Revolverhelden pro Woche begraben wurden, sind nur noch Reste übrig.

Daß die Blütezeit der Bergwerke und Saloons vorüber ist, bedeutet aber nicht, daß der Sheriff arbeitslos wäre. Der Landkreis Inyo, zu dem das Tal des Todes und die angrenzenden Gebirge gehören, ist mit einer Fläche von 25 000 Quadratkilometern etwa so groß wie Hessen und das Saarland zusammen. Knapp 20 000 Menschen leben hier, 35 von ihnen sind Polizeibeamte. Tim Edmonds ist einer von ihnen. Sein Revier reicht von der Grenze zu Nevada durch den Süden des Nationalparks bis ins Saline Valley, an dessen heißen Quellen schon mancher mit sich und dem Rest der Welt reinen Tisch machte. Die bizarrste Geschichte ereignete sich dort, so erzählt Edmonds, im April 1985. Ein Mann namens Michael William Keating hatte schon einige Monate lang in einem Zelt an den Quellen gelebt – doch plötzlich glaubte er vom Teufel besessen zu sein. Andere Besucher sahen, wie Keating sich nackt auszog und wild gestikulierend quer über den Salzsee zu rennen begann. Hin und wieder warf er sich in das Salz, gerade so als würde er um Gnade bitten. Es war schon Abend, als Sheriff Edmonds an den Quellen im Saline Valley eintraf. Am nächsten Morgen verfolgten er und einige Ranger Keatings Spur. Eine Woche lang suchten sie sogar mit Hubschrauberunterstützung nach dem Besessenen, jedoch ohne Ergebnis. Bis heute ist der Verschollene nicht wieder aufgetaucht.

Edmonds größtes Problem sind Drogenhändler, deren Kuriere bei Nacht, aus Mittelamerika kommend, mit kleinen Flugzeugen auf den flachen Salzseen oder alten Pisten landen. Die heiße Ware wird dann in geländegängige Kleinlaster geladen und taucht wenige Tage später in den Drogenvierteln von Las Vegas, Oakland oder Los Angeles auf. Der größte Coup gelang den Sheriffs vom Landkreis Inyo vor 20 Jahren. Damals machten sie den Kultmörder Charles Manson dingfest, der mit seinen Gefolgsleuten den kleinen Ort Tecopa Hot Springs terrorisierte. Manson zog sich schließlich auf eine leerstehende Ranch in einem Seitental des Goler-Canyons nicht weit von Harris' Mine zurück. Der Bergmann erinnert sich: „Nachdem die Polizei die Bande ausgehoben hatte, räumten meine Leute und ich die Vorratskammer aus. Wir lebten einige Monate von Mansons Lebensmitteln."

Unter der Woche ist der Besucher im Hinterland des Death Valley weitgehend allein in den einsamen, weiten Tälern der Panamint- oder Amargosa-Bergen. Doch am Wochenende kriechen die Geländewagen wie Ameisen durch die verdorrte Bergwelt. Viele Besucher kommen aus dem weit entfernten Los Angeles, nur um eine Nacht unter dem brilliantesten Sternenhimmel zu verbringen, den Amerika zu bieten hat. Sie kommen jedoch nicht der Romantik wegen. Die Städter zieht es in die Wüstenei, weil in ihren Adern noch das Blut jener Generation zu fließen scheint, die im Wilden Westen ein Stück der großen Freiheit genossen hat. Viele der Wochenendausflügler entsteigen ihren Jeeps bis an die Zähne bewaffnet. Die Feuerwaffen, vom Trommelrevolver bis zum Karabiner, sind in den meisten Landkreisen Kaliforniens ohne Schwierigkeiten legal zu erwerben. In den einsamen Tälern klingt es dann am Samstagnachmittag so, als würde General Custer die Schlacht von Little Big Horn erneut schlagen. Geschossen wird auf nahezu alles, was in der Landschaft hervorsteht – selbst die großen Kakteen, deren Stachlen wie Angelhaken aussehen, bleiben nicht verschont. Dazu dürfen heute weder die batteriebetriebene Stereoanlage – kurz Boom-Box genannt – noch die Kühltasche mit dem Bier fehlen. Wahrscheinlich verschießen die Feierabendschützen an einem einzigen Frühlingswochenende im Death Valley mehr Patronen, als je im amerikanischen Bürgerkrieg abgefeuert wurden. Selbst bei Wanderungen durch die entlegensten Seitentäler funkeln überall Patronenhülsen. Wie froh wäre man, würden sich wenigstens einige von ihnen als goldene Nuggets herausstellen.

Eine völlig andere Gruppe von Leuten trifft der Besucher dagegen auf dem spartanischen Campingplatz unterhalb des Telescope Peak, dem mit 3360 Metern höchsten Berg des Nationalparks. Schon morgens um sechs machen sich die ersten zum zehn Kilometer langen Gipfelanstieg auf. Von der mörderischen Hitze in der Senke gut drei Kilometer unterhalb des Campingplatzes ist hier oben nichts zu spüren. In der Nacht hat sich auf dem Schlafsack eine Eisschicht gebildet. Die Sonne wärmt den Wanderer zwar schnell auf, doch auf dem Kamm zwischen Bennets Peak und dem Telescope-Gipfel weht ein eisiger Wind. In den Hochalpen würde solch ein Wetter zum Umkehren zwingen, doch hier ist es lediglich die vom Tal heraufwehende Luft, die sich empfindlich abgekühlt hat, bis sie den Kamm erreicht. Die letzten 200 Höhenmeter führt der Gipfelanstieg durch verharschten Schnee.

Der Gipfel bietet eine ungestörte Sicht nach allen Seiten – 360 Grad Wüste und dahinter schneebedeckte Gebirgszüge. Im Westen sägt die zackige Kette des Hauptkammes der Sierra Nevada am tiefblauen Himmel. Den Blick nach Norden dominiert die bucklige Schulter der White Mountains. Im Osten ragt Mount Charleston auf, ein Berg, auf dem die Bewohner von Las Vegas häufig auch im Mai noch Skifahren können. Im Süden glaubt man den San Jacinto Peak zu erkennen, doch die smogreiche Luft aus dem Becken von Los Angeles schränkt die Fernsicht in dieser Richtung auf nur 150 Kilometer ein.

Direkt unterhalb des Gipfel gleißt ein Salzsee in der Morgensonne. Diese weiße Ebene dreieinhalb Kilometer unter dem Beobachter ist Badwater, mit 60 Metern unter dem Meeresspiegel der tiefste Punkt Amerikas. Die Existenz der Oase Furnace Creek, in deren zwei Hotels sich die Touristen allmählich zum Frühstück in klimatisierten Räumen sammeln müßten, kann man an diesem Morgen vom Gipfel lediglich als dunklen Fleck erahnen. Die andere Seite, das Panamint Valley, ist nicht so tief wie das eigentliche Tal des Todes. Die Vogelperspektive ermöglicht Vergleiche dieser beiden abflußlosen Täler, in denen sich jahrtausendelang das Wasser aus den umgebenden Bergen gesammelt hat. Death Valley ist, zumindest im südlichen Teil, von einer dikken Salzkruste überzogen. Im größten Teil des Panamint-Tales hat sich dagegen eine Playa gebildet, eine nur gering versalzene Ebene aus steinhart verdorrtem Schlamm.

Nirgendwo sonst in dem Nationalpark kann man eine solche Playa so eindrucksvoll erwandern wie am „Racetrack“. Dorthin führt ein gut 40 Kilometer langer Schotterweg – für viele Kilometer durch ein Flußbett, dann über eine staubige Sandstraße, in denen der Jeep gelegentlich im Fließsand zu versinken droht. Der Besucher im normalen Straßenauto sollte die Warnung, daß diese Piste nur für Geländewagen geeignet sei, wirklich ernst nehmen. Ein mehrere Dutzend Kilometer langer Marsch zurück zur Zivilisation - in diesem Fall lediglich einer geteerten Straße – kann lebensgefährlich sein. Auf dem gesamten Stück gibt es weder Schatten noch Wasser. Und der Etat für die Parkranger ist so knapp, daß die Piste nur einmal in der Woche patrouliert wird.

Der Racetrack erhielt seinen Namen, weil die ovale Form der mehrere Quadratkilometer großen Playa an eine Pferderennbahn erinnert. In der Mitte staken sogar – wie eine große Tribüne – einige Felsen hervor. Sie stammen, so weiß der geologische Führer zu berichten, aus der Kreidezeit und enthalten übergroße Kristalle aus Feldspat. Vom Racetrack führt ein Wanderweg hinauf zum Ubehebe-Peak, einer Miniaturausführung des Telescope-Gipfels. Auch von hier hat man den Ausblick auf zwei Täler, den Racetrack im Osten und das Saline-Tal mit seinen heißen Quellen im Westen. Selbst in der Kupfermine mit ihren phantastisch grünblauen

Gesteinen findet der Besucher keine Spur von dem besessenen Herrn Keating, nach dem der Sheriff seit Jahren vergeblich sucht.

Walt Disney wußte es schon vor 30 Jahren und die Ranger im Besucherzentrum in Furnace Creek erklären es immer wieder: Die Wüste lebt, auch im Tal des Todes. Wer jedoch in der Hitze des Tages im klimatisierten Auto auf geteerten Straßen zu den typischen Sehenswürdigkeiten im Death Valley fährt, mag dagegen schnell den Eindruck gewinnen, die Hitze versenge alles. In den höher gelegenen und deshalb kühleren Seitentälern zeigt die Natur eine eigenartige Vielfalt. Nicht weit vom Campingplatz wärmt sich eine harmlose Blindschleiche in der Morgensonne. Fünfzig Meter weiter kreuzt ein anderes Reptil den Weg. Auf den ersten Blick sieht es aus wie eine Kleinausgabe des Triceratops, des nashörnigen Dinosauriers mit der an einen Vatermörderkragen erinnerten Nackenwulst. Das Reptil ist jedoch eine gehörnte Eidechse, von denen es in den Wüsten Nordamerikas mehr als ein Dutzend Arten gibt.

Was kein Reiseführer ausreichend beschreibt, sind die vielfältigen Formen der Kreosot-Büsche und der zahlreichen anderen Sträucher, die sich dem ariden Klima angepaßt haben. Vielleicht sollten sich Mathematiker mit ihrer modernen Theorie des „Deterministischen Chaos" einmal den geometrischen Formen dieser Wüstenpflanzen annehmen. Häufig sehen die Verästelungen aus wie Fraktale, die sich endlos in verschiedenen Größenordnungen wiederholenden geometrische Strukturen, deren elegante Existenz erst die Computergrafik erschlossen hat. Man wird sicher eine Gleichung finden, welche die fraktalen Kakteen aus dem Tal des Todes beschreibt.

Wie aus dem Nichts tauchen plötzlich drei Kleinbusse im Titus Canyon auf. Durch den Wadi führt eine der wenigen Pisten, die auch mit normalen Fahrzeugen zu befahren ist. Heraus steigt eine Gruppe von Wissenschaftlern, die interessiert den Erklärungen eines Geologen über die verbogenen

Gesteinsschichten lauscht. Man käme von der Nasa, meint einer der Zuhörer, und suche in entlegenen Gebieten der Erde nach Landschaftsformen, die der Oberfläche des Planeten Mars ähneln. Im Death Valley und seinem Salzsee sei man schließlich fündig geworden. Am Abend wolle man diskutieren, welche Anforderungen ein Fahrzeug erfüllen muß, das Astronauten bei einer künftigen Mission mit auf den Mars nehmen können. Bevor man es zum fernen Planeten schicke, werde man es sicherlich im Tal des Todes testen.

Wer allerdings meint, im Hinterland des Death Valley völlige Ruhe zu finden, hat sich getäuscht. An den meisten Wochentagen üben die Marineflieger, die im nahen China Lake ein Erprobungszentrum für neue Waffen unterhalten. Die Dogfights der Jetpiloten stehen den Szenen in dem zum fliegerischen Kultfilm avancierten Epos „Top Gun" um nichts nach. Da wird dem Beobachter schon vom Zuschauen schwindlig. Manchmal kommen die Jets so tief, daß sich der Wanderer instinktiv in den Staub wirft. Das liebste Spiel der Piloten ist es jedoch, Autos auf der schnurgeraden Straße durch das Panamint Valley zu jagen. Man wundere sich also nicht, wenn plötzlich wenige Meter über dem Wagendach ein Düsenjäger auftaucht. Dem Autofahrer, der sich nicht mit den Hot Shots auf ihren Schleudersitzen messen will, bleibt dann immer ein Pedal, über das keiner der Jets verfügt. Wie wäre es, den Düsenjäger einfach auszubremsen?

Die alten Bäume der Weißen Berge

Die unbefestigte Straße führt steil bergauf. Zwischen den Spitzkehren rüttelt eine Waschbrettpiste nicht nur das Auto, sondern auch die Wirbelsäule des Fahrers kräftig durch. Gelegentlich setzt der Motor aus, geradeso als müsse er in der dünnen Höhenluft besonders tief Luft holen. In dreitausend Metern Höhe fällt nämlich nicht nur dem Menschen das Atmen schwer. Nach einer Kurve versperrt ein weißer Lieferwagen den Weg. Er stammt, wie sein Nummernschild ausweist, aus Iowa. Hinter dem Wagen kommt ein bärtiger junger Mann hervor. Rhythmisch schwenkt er ein Gefäß, aus dem Weihrauchdämpfe aufsteigen. Will er damit etwa sein Auto segnen? Die langen Haare des asketisch wirkenden Mannes sind mit einem Tuch zusammengebunden. Nach wenigen Minuten gibt er den Weg frei. Die „White Mountains" seien ein „heiliger Ort", sagt er, und beim Vorbeifahren fällt der Blick auf ein Amulett mit dem Bild eines indischen Guru. Der junge Mann trägt es an einer groben Halskette aus dunklen Holzperlen.

Nur knapp hundert Tage im Jahr, in den Sommermonaten Juli, August und September, ist der über viertausend Meter hohe Gebirgszug im äußersten Osten Kaliforniens zugänglich. Bis weit in den Juni hinein versperren an den Nordhängen noch Schneewächten den Weg. Ab Oktober können dann jederzeit Blizzards aufziehen und aus dem Gebirge in wenigen Stunden eine Eishölle machen. Die White Mountains, die „Weißen Berge" im Grenzgebiet zwischen den amerikanischen Bundesstaaten Kalifornien und Nevada, liegen weitab von den typischen Touristenrouten. Sie bieten auch keinen Komfort für den Reisenden, weder Hotels noch Gaststätten säumen den Weg. Selbst nach Berghütten sucht man vergebens. Dennoch kommen Sommer für Sommer Hunderte Amerikaner in die klare Höhenluft. Viele haben sich von den Hinweisschildern in der Ortschaft Big Pine zu einem Tagesausflug in die zwei Stände der uralten Borstenkiefern verführen lassen. Andere kommen zum Bergwandern, und einige wenige, wie der Mann aus Iowa, suchen in der Einsamkeit zwischen Piniennuß und Wacholderbäumen nach religiöser Selbsterfahrung.

Die White Mountains sind ein außergewöhnliches Gebirge, eine eigenartige Mischung zwischen hochalpiner Landschaft und Wüste, zwischen den ältesten Bäumen der Welt und moderner Forschung. Geomorphologisch gesehen, ist Kalifornien eine Abfolge parallel verlaufender Gebirge und Täler. Auf das im Durchschnitt nur wenige hundert Meter hohe Küstengebirge am Pazifik folgt das große Zentraltal. Nach Osten schließt sich die mächtige Sierra Nevada mit zahlreichen Viertausendern an. Dahinter folgt das Owens-Tal, dessen Ostseite von den White Mountains begrenzt wird. Was der stetig wehende Westwind an Feuchtigkeit vom subtropischen Pazifik heranträgt, regnet spätestens an den Westhängen der Sierra Nevada ab. Die White Mountains liegen im Lee. In ihnen fallen deshalb weniger als zwanzig Zentimeter Niederschlag im Jahr – meist als Schnee im Winter.

Wegen des ariden Klimas, der dünnen Höhenluft und den damit verbundenen kalten Temperaturen und hohen Windgeschwindigkeiten haben sich in den White Mountains einzigartige Lebensgemeinschaften entwickelt. Die bis in über zweitausend Meter Höhe vorkommenden Salbeibüsche (nordamerikanischer Beifuß) weisen das Gebirge als Teil des „Great Basin“ aus, der abflußlosen Wüste der Bundesstaaten Nevada, Utah und Idaho. In größeren Höhen folgen dann Piniennuß und Wacholderbäume. Oberhalb von dreitausend Metern schließlich wachsen vor allem an Nordosthängen die „Bristlecone Pines“, Borstenkiefern der Spezies „Pinus longaeva“. Alle Bäume sind struppig, viele von Stürmen zerfetzt und vom Blitzschlag malträtiert. Wer nur flüchtig hinschaut, mag meinen, saurer Regen hätte das Gehölz angefressen.

Daß dem nicht so ist, zeigt der auskunftsfreudige Förster auf einem Rundgang durch einen der Stände. Selbst bei Bäumen ohne Rinde und mit Dutzenden kahler Äste findet man irgendwo immer ein paar Zweige, an denen die festen, rund um den Ast wachsenden Nadeln gedeihen. Der „Patriarch“ sei einer der ältesten Bäume, mehr als 3000 Jahre gewiß, sagt der Förster. Es gäbe in diesem Stand noch ältere Kiefern, den „Methusalem“ beispielsweise, dessen Alter auf 4600 Jahre geschätzt wird. Der Förster will jedoch den

Standort dieses Baumes nicht preisgeben. Souvenirjäger schreckten nämlich vor nichts zurück, meint der Beamte. Er selbst habe schon Besucher des Parks verwiesen, die sich mit Sägen und Äxten an den Kiefern zu schaffen gemacht hatten.

Nördlich der Kiefernstände windet sich die Piste auf über 3500 Meter Höhe hinauf. Eine Schranke, die auf der Paßhöhe sonst den Weg versperrt, ist heute geöffnet. Der Weg führt zur Höhenforschungsstelle der Universität von Kalifornien. Freiwillige leben dort bis zu sechs Wochen lang und lassen sich von Ärzten und Biologen auf ihre Höhenanpassung untersuchen. Bereitwillig zeigt einer der Wissenschaftler die Einrichtungen und überredet den Besucher gar zu einer „Spazierfahrt“ auf dem Fahrradergometer. Man hielte sich wohl erst einige Stunden in den White Mountains auf, meint der Arzt skeptisch, als er die vom Computer ausgedruckten Ergebnisse über Sauerstoffumsatz und Kohlendioxydausstoß begutachtet. Mit dem Rat, daß sich selbst Gesunde am ersten Tag in diesen Höhen nicht zuviel zumuten sollten, verabschieden die Wissenschaftler den Besucher. Mit einer Bergwanderung solle man lieber bis zum nächsten Tag warten.

Die Nacht im Schlafsack endet unsanft. Zwei Blauhäher streiten sich ganz in der Nähe des Schlafplatzes lauthals um eine Nuß. Der Aufstieg später zum Sheep Mountain ist weniger anstrengend, als es die Höhe vermuten läßt. Daß dieser Berg um zwei Meter höher als der Großglockner ist, sieht man ihm nicht an. Wie eine sanfte Kuppe hebt er sich hinter einem Stand von Borstenkiefern heraus. Es gibt keine Gletscher, und auch Klettern ist nicht nötig. Statt dessen geht es über Schotterfelder, auf denen grüne, schwarze und orangerote Flechten wachsen, sanft bergauf.

Wiese nicht ein Steinhaufen den Weg, könnte man den höchsten Punkt in 3800 Metern Höhe leicht verfehlen. Das einzige, was auch nur entfernt an einen „Gipfel“ erinnert, ist ein großer Steinhaufen, aus dem eine Eisenstange stakt.

Sheep Mountain hat zwar keinen Gipfel, dafür aber eine schöne Aussicht. Nach Osten liegt die von zahllosen Bergrücken und Tälern geprägte „Basin and Range“-Provinz vor einem. Auch ohne Fernglas kann man im Südosten Yucca-Flat erkennen, das Atombombentestgelände nördlich von Las Vegas.

Der Blick nach Westen verschlägt dem Besucher aber fast den Atem. Vom Yosemite-Park im Norden bis weit südlich von Mount Whitney liegt die gesamte Bergkette der Sierra Nevada vor einem. Auf einer Länge von mehr als 250 Kilometern überwindet keine Straße dieses granitische Urgebirge. Es gibt weder Dorf noch Straßentunnel. Wer nach der Wanderung im Schatten eines 3000 Jahre alten Baumes sitzt, über menschenleere Bergzüge blickt und beobachtet, wie ein Bussardpaar einen Steinadler aus seinem Revier verjagt, braucht keine Phantasie, um festzustellen, daß der amerikanische Westen noch immer so wild sein kann, wie ihn die Pioniere erlebten.

Mythische Vögel über der Sierra Madre

Häßlicher kann ein Vogel kaum sein. Aus dem schwarzbraunen Gefieder ragt ein wulstiger, nackter Hals. Der rosarote Kopf ist ebenfalls federlos, ein faltiger „Skinhead“ mit glasigen, braunen Augen. Um sie herum verfärbt sich die Haut zu einem schmutzigen Gelb. Der graue, nach unten gebogene Schnabel ist viel zu klein für diesen großen Vogel. Er läßt das Tier unproportioniert erscheinen, etwa so als habe eine Rasur nicht nur die Kopfhaut freigelegt, sondern gleichzeitig einen Teil des Schädels amputiert. In der Luft ist „Gymnogyps californianus“ aber ein anmutiger Flieger. Thermik und Wind ausnutzend, gleiten zwei Exemplare dieser Art hoch über den mit wildem Chaparral bewachsenen Kalksteinbergen der Sierra Madre. Ihre Schwingen sind weit ausladend, die Flügelspitzen in langen Federn gespreizt. Als er dem eleganten Flug zuschaut, beginnt der Beobachter zu ahnen, daß diese Vögel dereinst von den Indianern Kaliforniens mythisch verehrt wurden.

Bei den zwei Vögeln handelt es sich um Kondore, Riesengeier, die eine Spannweite von bis zu drei Metern erreichen können. Das Vogelpaar in der Sierra Madre zwischen Santa Barbara und Los Angeles ist außergewöhnlich, so einmalig sogar, daß die Tiere Namen haben: Das Weibchen erhielt den indianischen Namen Xewe – auf Deutsch „einen Schatten werfend". Das Männchen heißt Chocuyens, „Tal des Mondes". Es sind die beiden einzigen wildlebenden Exemplare der Art „Kalifornischer Kondor", des größten Vogels Nordamerikas. Einzige Exemplare heißt hier nicht „letzte Exemplare". Das Paar ist nämlich nicht das Ende dieser Vogelart, sondern ihr neuer Anfang. Xewe und Chocuyens wurden in Zoologischen Gärten geboren – zu einer Zeit, als es in der „freien Wildbahn" Kaliforniens keine Kondore mehr gab.

Mindestens seit dem späten Pleistozän hat es an der amerikanischen Westküste Kondore gegeben. Diese zu den Neuweltgeiern gehörenden Aasfresser ernährten sich vorwiegend von umgekommenem Großwild, gelegentlich wohl auch von dem, was die Indianer nach ihrer Jagd von einem erlegten Tier zurückließen. Fossile Kondorknochen fanden sich in den „Le Brea Tarpits" mitten im heutigen Los Angeles. In diesen „Löchern" trat zähes Erdöl auf natürliche Weise zu tage. Viele Tiere hielten es für Wasser, kamen dann aber in der „Ölpest" um. Ihr Aas war für die Kondore ein „gefundenes Fressen".

Mit dem Beginn der Besiedlung Kaliforniens durch die Spanier vor knapp 250 Jahren begann aber das langsame Ende dieser Vögel. Schuld waren einerseits die Rancher, die große Herden Rindvieh in den trockenen Tälern Alta Californias weiden ließen. Die in den Bergen lebenden Braunbären, Grizzlies und Pumas sahen in den Herden eine willkommene Ergänzung ihres Speiseplans. Sie wurden daraufhin von den Viehzüchtern erbarmungslos gejagt. Unter anderem legte man vergiftetes Fleisch als Köder aus. Dieses Aas lockte aber auch die Kondore an, die, wie Bären und Raubkatzen, eine vergiftete Mahlzeit nicht lange überlebten.

Jäger dezimierten die Population der kalifornischen Kondore zusätzlich. Einerseits wurden sie wie alle Greifvögel – beispielsweise auch Amerikas Wappentier, der Weißkopfseeadler – direkt gejagt. Zum anderen verendeten viele Kondore an Bleivergiftung. Sie aßen Wildbret, das von Jägern mit Bleimunition angeschossen worden war und dann verendete. Schon im Jahre 1917 schrieb der amerikanische Ornithologe William Finley, der Fachwelt seien nur noch zwölf Brutpaare von „Gymnogyps californianus" bekannt. Gemeinsam mit seinem Kollegen Henry Bohlmann durchstreifte Finley damals mehr als drei Jahre lang das kalifornische Küstengebirge, bevor es ihm gelang, ein Kondorpaar zu fotografieren. Bei einer „Kondorzählung" im Jahre 1965 wurden in Kalifornien nur noch 60 dieser Vögel registriert. Die meisten von ihnen hatten in dem im Jahre 1947 eingerichteten Schutzgebiet in der Sierra Madre ihre Horste. Daß die Art in wenigen Jahren aussterben würde, schien damals unvermeidlich.

Im Jahre 1975 beschlossen daraufhin Umwelt- und Tierschutzbehörden sowie mehrere Vogelschutzgruppen, den Kondor zu retten. In den Zoologischen Gärten von Los Angeles und San Diego wurden Gehege für Kondore eingerichtet. Die ersten „Zookondore" schlüpften aus Eiern, die man den Horsten der wenigen wilden Brutpaare entnommen und dann in Brutkästen künstlich bebrütet hatte. Kondorweibchen legen in der Regel einmal im Jahr ein Ei. Geht es jedoch zu Bruch oder wird es gestohlen, können Kondore bis zu drei Eier im Jahre legen. Als im Herbst 1985 nur noch sechs wilde Kondore gezählt wurden, beschloß die Gruppe zur Rettung des Kondors, alle Vögel zu fangen und in die Zoos zu bringen. Dort sollten die Tiere ungestört von Umwelteinflüssen brüten können. Unter der Voraussetzung, daß das Brutprogramm erfolgreich verlaufen sollte, könnten später wieder einmal Kondore ins Freie entlassen werden.

Der 19. April 1987 sei ein ruhiger, sonniger Ostersonntag gewesen, erzählt der Biologe Pete Bloom. Frühmorgens legte er an diesem Tag in der Sierra Madre ein totgeborenes Kalb als Köder für „AC-9“ aus. „Adult Condor 9“ war ein sieben Jahre altes, knapp zehn Kilo schweres Kondormännchen, der letzte wildlebende Riesengeier in Kalifornien. In den Monaten vor Ostern hatte Bloom die fünf restlichen wilden Kondore gefangen und in die Gehege nach Los Angeles und San Diego gebracht. Mehr als 60 Tage lang hatte der Biologe anschließend versucht, AC-9 zu stellen – jedoch ohne Erfolg. An diesem Morgen landete der Kondor aber ganz in der Nähe des Köders. Langsam pirschte sich der Vogel an das Aas heran. Als er begann, mit dem grauen Schnabel Fleischbrocken herauszureißen, schoß Bloom aus einem versteckten Katapult ein Netz ab. Es fiel über den Vogel, AC-9 war gefangen. Dieser Fang sei eine unglaubliche Erfahrung gewesen, meint Bloom. „Es war der Höhepunkt, gleichzeitig aber auch der Tiefpunkt meines Lebens als Vogelwart“, sagt er. „Ich hatte das letzte Exemplar des größten Vogels Nordamerikas gefangen.“

Die „Rettungsaktion“ der Behörden blieb allerdings nicht ohne Kritik. Die „National Audubon Society“, die einflußreichste Vogelschutzgruppe Amerikas, hatte das Einfangen mit einer einstweiligen Verfügung unterbrochen. Sie wurde nach einem mehrere Monate dauernden Rechtstreit aber von einem Berufungsgericht widerrufen. Danach erwirkten die Chumash-Indianer einen Gerichtsbeschluß, der jeden weiteren Kondorfang verbot. Für die Chumash ist der Kondor nämlich ein heiliger Vogel, der die Seele der Verstorbenen ins Jenseits trägt. Auch diese Verfügung wurde später aufgehoben. Ein Medizinmann begleitete Pete Bloom danach aber bei allen Fängen. Kritische Vogelschützer behaupteten außerdem, daß Kondore in den Zoos ohnehin nicht brüten würden.

Zur Überraschung aller Ornithologen verhielten sich die Kondore in den Gehegen jedoch wie „junge Turteltauben“. Im März 1988 legte erstmals ein Kondorweibchen in Gefangenschaft ein Ei. Seitdem ist die Zahl der Kondore in den Gehegen auf über 60 gestiegen. Selbst der vorsichtige AC-9 fand in „Squapuni“ eine Gefährtin. Am 10. Februar 1991 legte die Kondordame im Zoo von Los Angeles ein Ei, aus dem genau zwei Monate später das Küken Xewe schlüpfte. Chocuyens durchbrach Ende Mai 1991 die Schale seines Eis im Gehege in San Diego.

Damit sich die in den Zoos geborenen Kondore erst gar nicht an Menschen gewöhnen, vermeiden die Wärter jeden direkten Kontakt mit ihnen. Die Tiere werden mit einem Handschuh gefüttert, der wie der Kopf eines Kondor aussieht. Sollen die Vögel gewogen oder von einem Veterinär untersucht werden, legt man ihnen Augenbinden an. Die meisten Kondorküken, sagt eine Sprecherin des Zoos von Los Angeles, hätten in ihrem Leben noch keinen Menschen gesehen.

Während man in den Gehegen mit der Aufzucht der Jungvögel beschäftigt war, bereiteten sich die Vogelwarte in der Sierra Madre auf das Aussetzen der ersten in Gefangenschaft geborenen Kondore vor. Man wollte vermeiden, daß die Vögel, ihrem natürlichem Trieb folgend, bis zu hundert Kilometer von ihrem Horst entfernt nach Aas suchten. Die Zoologen errichtete daher Betonplattformen, auf denen Aas als Futter für die Geier ausgelegt werden sollte. Aus den südamerikansichen Anden wurden gleichzeitig junge Kondore importiert. An ihnen probierte man mehrere Jahre lang die Technik der „natürlichen Rückhaltung“ aus.

Im Frühjahr 1991 wurden dann Xewe und Chocuyens mit Hubschraubern zu ihrem neuen Horst am Arundell-Kliff in der Sierra Madre geflogen. Mehrere Monate hielten sich die Vögel in einem mit einem Netz gesicherten Freigehege auf. Seit die Vogelwarte schließlich dieses Netz entfernten, fliegen wieder Kondore in der klaren Luft über der

Sierra Madre und dem Los Padres Staatswald. Die Kondore aus den Anden dienten den beiden als Lehrmeister und „wiesen" auf die günstigen Futterstellen. Wie Robert Mesta, der Koordinator des Rettungsprogramms, erklärt, hat das Kondorpaar das Schutzgebiet bisher nicht verlassen.

Sollte es gelingen, die Kondore im Laufe der Zeit wieder in der Sierra Madre zu etablieren, wollen Mesta und seine Kollegen weitere Paare im Grand Canyon aussetzen. Trotz des Anfangserfolges ist die Kritik an dem mehr als zehn Millionen Dollar teuren Programm aber nicht verstummt. Kritiker meinen, die Vögel lebten nicht mehr unter natürlichen Bedingungen. Ihr Brutprogramm habe ihr Verhalten derart geändert, daß sie nun von dem vom Menschen an Futterstellen ausgelegten Aas abhängig seien. Würde man alle vom Aussterben bedrohten Tierarten auf diese Weise retten, meint Jesse Grantham von der Audubon Society, wäre Kalifornien bald nur noch ein riesiger Zoo.

An Wochenenden überfüllt

Auf dem schotterigen Steilhang kann man den Pfad nur erahnen. In engen Serpentinen, so hatte der Ranger gesagt, schlängele sich der Weg zum Bergsattel empor. Wenn man dort die verfallene Hütte – ein ehemaliges Kupferbergwerk – erreicht, solle man sich links halten, dann ginge es immer am Grat entlang zum Gipfel. Irgendwann verliert sich der Pfad jedoch völlig im Geröll, und von einer Hütte gibt es in dieser einsamen Hochgebirgslandschaft weit und breit keine Spur. Als der Besucher dann nach mühsamem Steigen endlich doch auf dem „12340-Peak" steht, eröffnet sich ein überwältigender Rundblick auf die südliche Sierra Nevada. Es muß mit dem Pragmatismus der Amerikaner zusammenhängen, daß dieser Gipfel einen so wenig prosaischen Namen wie 12340-Spitze bekam. Landvermesser hatten seine Höhe nämlich mit 12340 Fuß gemessen. Weil ihnen diese Zahl gefiel und sie gerade kein anderen Namen parat hatten, benannten sie den Berg einfach nach seiner Höhe. Mit seinen 3757 Metern hätte er in den Alpen natürlich einen viel klangvolleren Namen bekommen – Mohnenfluh vielleicht, Eiger gar oder Nebelhorn. Die meisten Gipfel im Doppelnationalpark Sequoia-Kings Canyon in Südkalifornien sind aber nach jenen Landvermessern benannt, die als erste die Sierra Nevada erkundeten.

Die Namensgebung und die trockene, selbst in großen Höhen schneelose Landschaft machen nicht die einzigen Unterschiede zwischen der Sierra Nevada und den Alpen aus. Nur etwa zehnmal im Jahr, meinte der Ranger, würden Wanderer den „12340-Peak“ besteigen. Als man ihm erklärt, daß man an schönen Sommerwochenenden einen Alpengipfel oft mit Dutzenden anderer Wanderer teilen muß, schüttelt er nur fassungslos den Kopf. Das sei ja wie auf den Freeways von Los Angeles zur Rush-Hour, meint er erstaunt. Gedränge gebe es in seinem Nationalpark gelegentlich nur am Mount Whitney, dem höchsten Berg der kontinentalen Vereinigten Staaten, sagt der Ranger. Damit das Bergwandern dort aber nicht zu einem Volksmarsch ausarte, habe man ein Quotensystem eingeführt. Pro Tag werde nur einer bestimmten Zahl von Wanderern der Anstieg gestattet.

Auf dem 12340-Gipfel ist es tatsächlich einsam. Außer dem Ranger sind dem Besucher während des drei Tage dauernden Anmarsches nur fünf Menschen begegnet. Trotz guter Fernsicht fallen lediglich zwei von Menschenhand geschaffene Objekte ins Auge. Ein Düsenflugzeug hinterläßt im tiefblauen Himmel einen schnurgeraden Kondensstreifen, und tief unten im Bergsattel erkennt man nun doch die verfallenen Reste des Bergwerkes. Was der amerikanische Kongreß im Jahre 1906 dem damals per Gesetz gegründeten „National Park Service“ mit auf den Weg gab, scheint sich in diesen erhabenen Stunden auf dem Gipfel zu bestätigen. In den Nationalparks werden noch viele künftige Generationen unberührte Natur in aller Einsamkeit erleben können.

Lediglich die Verwitterung nagt an dem brüchigen Gestein des Gipfels, von dem man in Richtung Südosten auf den Mount Whitney schaut. Nach allein Seiten zu reihen sich die Bergketten der Sierra Nevada wie Linien grauer Statuen aneinander, nach Norden gut 200 Kilometer weit bis zum Yosemite-Nationalpark.

Insgesamt unterstehen in Amerika fünfzig Nationalparks und 305 weitere Einrichtungen – Naturparks, historisch bedeutende Plätze - dem Park-Service. Vom weltberühmten, im Jahre 1872 geschaffenen Yellowstone-Park mit seinen Geysiren bis zum jüngsten Park im Great-Basin-Gebiet an der Grenze zwischen Nevada und Utah enthält diese auf der Welt einzigartige Einrichtung nahezu alle Landschaftsformen, die man sich vorstellen kann. Es gibt Wüsten, Gletscher, Hochgebirge, Sümpfe, aktive Vulkane, grandiose Canyons, wilde Gesteinformationen, Mangrovenwälder, Wattenmeer und tropische Regenwälder. Innerhalb des National Park Service stehen nahezu alle Naturwunder unter rigorosem Schutz – vom 86 Meter unter dem Meeresspiegel gelegenen Tal des Todes, Amerikas tiefstem Punkt, bis zum höchsten Gipfel Nordamerikas, dem 6187 Meter hohen Mount McKinley in Alaska. In den Parks, so kann man ohne zu übertreiben behaupten, ist alles verboten, was nicht ausdrücklich erlaubt ist. Nimm nichts mit außer Erinnerungen, hinterlasse nichts anderes als Fußspuren, lautet die Grundregel nationalparkgerechten Verhaltens.

Dafür, daß die jährlich fast 280 Millionen Besucher der Einrichtungen des Park-Service auch alle komplexen Regeln einhalten, sorgen die Ranger. Weil ihnen die Parkverwaltung hoffnungslos häßliche braun-grau-grüne Uniformen und unförmige, breitkrempige Hüte verpaßt hat, weiß der unbedarfte Besucher aus dem fernen Europa bei einer ersten Begegnung oft nicht, wie er sich den Rangern gegenüber verhalten soll. Sind diese meist jungen Männer und Frauen wegen ihrer seltsamen Aufmachung zu bedauern, oder soll man ihren Mut bewundern, sich damit in der Öffentlichkeit zu zeigen. Meist merkt der Besucher jedoch sehr schnell, daß die Ranger ihre Uniform mit Stolz tragen. Jeder von ihnen scheint ein wandelndes Lexikon zu sein, aus dem man sämtliche Detailinformationen über den jeweiligen Park jederzeit abrufen kann. Die Hilfsbereitschaft und Auskunftsfreude ist jedoch nur eine Seite der Ranger. Die meisten von ihnen sind überzeugte Naturschützer und scheuen sich nicht, den Strafzettelblock zu zücken, wenn sie einen Besucher beim Umweltfrevel ertappen. Im Grand Canyon soll es sogar schon Parkranger gegeben haben, die Touristen kilometerweit durch schwieriges Gelände nachgewandert sind, um sie wegen einer weggeworfenen Getränkedose zu bestrafen.

Auch wenn es sich dabei um einen Einzelfall handelt, zeigt das Beispiel doch, wie ernst man es in den Nationalparks mit dem Naturschutz nimmt. Der Besucher soll sich in den Nationalparks an der Natur erfreuen, sie aber unter keinen Umständen verändern. Im größten Nationalpark, dem 33 700 Quadratkilometer großen Gelände um die Wrangell-Berge in Alaska, läßt sich das Ziel nicht einfach erreichen. Den größten Teil des Jahres sind die völlig vergletscherten Vulkane dieses Parks von der Größe Nordrhein-Westfalens absolut unzugänglich. Nur wenige hundert Besucher verirren sich dann im Sommer in diese Urlandschaft, und sie lassen sich relativ leicht belehren. Was ist jedoch mit den achteinhalb Millionen Menschen, die jahrein jahraus durch den Park „Great Smoky Mountains" in Tennessee und Nord-Carolina fahren? Was geschieht, wenn sich an manchen Sommerwochenenden mehr als hunderttausend Besucher in dem engen Yosemite-Tal gut 300 Kilometer nördlich des 12340-Gipfels drängen?

„Uns wird nichts anderes übrigbleiben, als den Zugang zu manchen Parks zeitweise zu sperren", sagt Michael Finley, Superintendent des Yosemite-Parks. Allein im Jahre 1992 besuchten dreieinhalb Millionen Menschen den Park, die meisten von ihnen kamen in Privatwagen. Um das unvermeidliche Verkehrschaos in dem von blanken Granitfelsen eingerahmten Yosemite-Tal zu verhindern, muß der Besucher den Privatwagen schon jetzt auf großen Parkplätzen im vorderen Teil des Parks stehen lassen. Die Sehenswürdigkeiten erreicht man dann entweder zu Fuß oder mit den kostenlosen Pendelbussen der Parkverwaltung. Schon diese Lösung sei problematisch, meint einer von Finleys Mitarbeitern, denn die meisten Besucher wollten nicht aufs Auto verzichten. Im Durchschnitt entfernen sich 99 Prozent aller Parkbesucher nie mehr als einige hundert Meter von ihren Fahrzeugen, weist eine Statistik aus.

Die jährlich steigenden Besucherzahlen sind nicht das einzige Problem, mit dem die Parkverwaltung zu kämpfen hat. Einige der schönsten Nationalparks bleiben nicht von der allgemein in Amerika zunehmenden Luftverschmutzung verschont. Schon mancher Wanderer im Grand-Canyon-Nationalpark in Arizona war enttäuscht, wenn die bei klarem Wetter so grandiosen, vielfarbigen Felsformationen sich während seines Besuches unter einem bläulich-grauen Dunst versteckten. Nur noch an einem von zehn Tagen, so hat eine seit zwölf Jahren andauernde Überwachung der Luftqualität am Grand Canyon ergeben, ist die Luft wirklich klar. Dann ist eine Fernsicht von bis zu 300 Kilometern möglich. Ebenfalls zehn Prozent der Zeit verschwindet die nur 20 Kilometer entfernte gegenüberliegende Seite des Grand-Canyon völlig im Dunst. Während der restlichen 80 Prozent der Zeit schränkt ein mehr oder weniger dichter Smogschleier die Sicht ein.

Die Luftschmutzung am Grand Canyon hat zwei Ursachen. Bei Westwind weht der Smog von Los Angeles bis in das Tal des Colorado hinein. Bei Ostwind füllt sich der Canyon mit den schwefeligen Abgasen des Navajo-Kohlekraftwerkes in Page, gut 130 Kilometer östlich des Parks. Das Kraftwerk arbeitet völlig ohne Filter und bläst pro Tag mehr als 200 Tonnen Schwefeldioxyd in die Luft. Vom Shenandoah-Nationalpark, der sich im Bundesstaat Virginia entlang des Bergrückens der Blue-Ridge-Mountains schlängelt, konnte man noch im Jahre 1940 an den meisten Tagen die Spitze des Washington-Monuments in der knapp 100 Kilometer entfernten Hauptstadt Washington sehen. Selbst nach einem reinigenden Regen beträgt heute die Fernsicht von diesem Ausläufer des Appalachengebirges selten mehr als 50, meist nur weniger als 20 Kilometer.

Auch von der einsamen 12340-Spitze in der Sierra Nevada ist die Sicht nicht mehr ungetrübt. Nach Westen zu verliert sich der Blick in einem undefinierbaren Schleier, der knapp über dem Horizont in eine scharf begrenzte, braungraue Luftschicht endet. Was man darunter nicht mehr sieht, ist das kalifornische Zentraltal, eines des produktivsten landwirtschaftlichen Anbaugebiete der Welt. Die Abgase des durch das Tal fließenden Verkehrs und der dort angesiedelten Industrie sowie der beim Abbrennen der Felder entstehende Rauch erzeugen einen Smog, dessen Luftqualität die von Los Angeles an manchen Tagen nur wenig übertrifft.

Gelegentlich ist die aus dem Zentraltal ins Hochgebirge aufsteigende Luft so schlecht, daß sie nach den strengen kalifornischen Gesetzen als gesundheitsgefährdend gilt. Vor allem der Ozongehalt übertrifft dann die festgelegten Grenzwerte um ein Mehrfaches. Die Ranger im Sequoia-Park müssen im Sommer gelegentlich Schilder aufstellen, in denen vor möglichen, von der schlechten Luft verursachten Gesundheitsschäden gewarnt wird. Viele Besucher hielten das für einen Scherz.

Als der mit seiner Frau und zwei Kleinkindern aus dem 300 Kilometer entfernten Los Angeles angereiste Jose Rodriguez zwischen den großartigen Rotholzbäumen ein solches Schild entdeckt, beginnt er zu lachen. Das könne doch nicht wahr sein, meint er. Selbst als ihm ein Ranger die brauen Nadeln an den Goldkiefern (Pinus ponderosa) zeigt und ihm erklärt, daß diese Schäden auf das Ozon zurückzuführen seien, ist Rodriguez nicht überzeugt. Die Luft sei immer noch viel besser als in Los Angeles, meint er.

Die Parkverwaltung sorgt sich allerdings nicht nur um jene Probleme, die von außen, gleichsam mit Wind und Wetter in die Nationalparks getragen werden. Auch innerhalb des Parks gibt es Spannungen, die gelegentlich zum offenen Streit zwischen zwei grundsätzlich verschiedenen Besuchergruppen führen. Da sind einerseits jene aus europäischer Sicht typisch amerikanischen Touristen, die sich die Parks am liebsten nur aus der Geborgenheit ihres klimatisierten Autos anschauen. Dem steht eine wesentlich kleinere, aber dennoch unüberhörbar lautstarke Gruppe gegenüber, die am liebsten alle motorisierten Besucher aus den Parks verbannen möchte. Die wahre Schönheit eines Parks entpuppe sich ohnehin nur beim Wandern, heißt es, folglich seien alle motorisierten Fortbewegungsmittel, ja selbst die Gasthäuser und die Hotels aus den Parks zu verbannen.

Die Ranger versuchen einen Mittelweg zwischen Massentourismus und der Suche nach Einsamkeit in unberührter Natur zu gehen. Gäbe es in den Parks keine Straßen, Rasthäuser, Toiletten oder Waschgelegenheiten, wäre einem großen Teil der amerikanischen Bevölkerung der Besuch in einem Nationalpark verwehrt, meint Superintendent Finley. „Denken Sie doch an die Älteren, Gebrechlichen und Behinderten. Diese Menschen haben auch ein Recht darauf, sich an den Parks zu erfreuen“, meint er.

Ein kalifornisches Unternehmen will nun diese Kontroverse entschärfen und gleichzeitig ein Geschäft machen. Die Firma plant nämlich in der kleinen Stadt Springdale in Utah, dem Tor zum Zion-Nationalpark, einen großen Unterhaltungspark zu bauen. Als dessen Herzstück ist ein Breitwandkino vorgesehen, in dem mehrmals am Tag ein Film mit den schönsten Bildern aus dem Zion-Park gezeigt werden soll. Ein ähnliches Kino gibt es bereits in der Nähe des Grand Canyon. Dort vermittelt ein Dokumentarfilm jährlich etwa 600000 Besuchern das „Canyon-Feeling“, ohne daß die Gäste überhaupt je einen Fuß auf den Kaibab-Kalkstein, die oberste Gesteinsschicht des 1200 Meter tiefen Tals, gesetzt hatten. Unternehmer Keith Merrill hat vor, solche „Entertainment-Center“ auch in der Nähe anderer Parks, beispielsweise am Yellowstone und an den Great Smoky Mountains zu errichten. Die mit der Imax-Methode aufgenommenen Farbfilme, so Merrill, würden den Auto- und Bustouristen, die sich ohnehin jeweils nur wenige Stunden in einem Nationalpark aufhalten, einen wesentlich umfangreicheren Eindruck über den Park vermitteln als eine Rundfahrt. Mit dieser Methode könne man auch der Überfüllung der Parks begegnen.

In einigen Parks macht den Rangern nicht nur die übergroße Zahl von Touristen zu schaffen. Der Yellowstone-Park ist mittlerweile zu klein geworden für die weit über 10 000 Wapitis, eine zu den Elchen gehören Tierart. Um die Jahrhundertwende hatte man dort außerdem 50 Bisons ausgesetzt. Weil es an natürlichen Feinden mangelt, ist die Bisonherde in Yellowstone inzwischen auf über 3000 Tiere angewachsen. Die Rancher in der Nachbarschaft des Parks beschweren sich darüber, daß immer mehr Tiere aus dem Naturschutzgebiet „ausreißen“, und drohen damit, streunende Bisons und Wapiti zu erschießen. Den Vorschlag der Parkverwaltung, einige Rudel Wölfe als natürliche Feinde von Bison und Wapiti im Park anzusiedeln, lehnen die Rancher auch ab. Man fürchtet nämlich, die Wölfe könnten ebenfalls die Parkgrenzen „mißachten“ und sich über das Weidevieh hermachen.

Der amerikanischen Parkverwaltung unterstehen insgesamt 323 000 Quadratkilometer Land. Diese Fläche entspricht etwa drei Prozent des Territoriums der Vereinigten Staaten oder etwa der Fläche Deutschlands ohne Nordrhein-Westfalen. Zur Zeit wächst diese Fläche pro Jahr um einige hundert Quadratmeter. Auf der großen Insel des Hawaii-Archipels fließt nämlich Lava des seit 1983 ununterbrochen aktiven Kilauea-Vulkans ins Meer. Der Lavastrom vergrößert die Insel ständig.

Unabhängig von diesem natürlichen Zuwachs wird darüber diskutiert, ob und wie man noch mehr Land in Amerika unter Naturschutz stellen soll. In Oregon schwelt derzeit beispielsweise ein Konflikt über die Zukunft der dortigen Wälder. Die Forstwirtschaft will immer mehr „Urwälder" einschlagen. Naturschützer wehren sich dagegen, weil dadurch ein einmaliges Ökosystem unwiederbringlich zerstört würde. Sie fordern die Einrichtung eines Nationalparks. In Südkalifornien will man die fragile Mojave-Wüste östlich von Los Angeles in einen großen Nationalpark einbeziehen, der vom Tal des Todes im Norden bis zum Joshua-Tree-Nationalmonument im Süden reichen soll. Diese Idee findet zwar bei Naturschützern und einigen Politikern in Washington Anklang. Gegen die Einrichtung eines solchen Parks wehren sich jedoch Goldschürfer, Heeresoffiziere und Motorsportler gleichermaßen. In den Bergen der Mojave-Wüste werden nämlich noch umfangreiche Goldvorkommen vermutet. Die Armee unterhält dort einige Truppenübungsplätze, auf denen bereits General Patton seine Panzersoldaten auf den Einsatz gegen Rommels Afrikakorps vorbereitet hat. Und die Motorsportler fürchten um ihren Spielplatz, denn heute dröhnen sie mit Geländemotorrädern und Buggies nahezu ungestört durch die Mojavewüste.

Die in den amerikanischen Nationalparks verwirklichte Idee des konsequenten Natur- und Landschaftsschutzes ist in vielen Ländern kopiert worden. Australien beispielsweise hat ein ähnliches System erfolgreich implementiert. Daß sich der deutsche Nationalpark im Bayerischen Wald nicht mit dem amerikanischen Parks vergleichen läßt, sei nur am Rande erwähnt. Bei der Schaffung dieses Parks wurden nämlich zu viele Kompromisse eingegangen, die bisher ein konsequentes Sich-Selbst-Überlassen der Natur verhindert haben.

Vom einsamen Gipfel des 12340-Peak aus betrachtet, scheinen die Probleme des Park-Service unendlich weit entfernt. Der Smog über dem Zentraltal und die vom Vulkan Mount Pinatubo in die Stratosphäre geschleuderten Staubteilchen verzaubern den Sonnenuntergang in eine Farborgie aus Orange, Rot und Purpur. Wenn man dann in einer Mulde in Gipfelnähe in den Schlafsack kriecht, erscheinen die Sterne wirklich zum Greifen nahe. Vielleicht war es eine solche mondlose, sternenklare Nacht, in der John Muir, einer der Ziehväter der Nationalparkidee, an Präsident Teddy Roosevelt schrieb, daß kein von Menschenhand geschaffener Tempel es an Schönheit mit der Sierra Nevada aufnehmen könne. Des Wanderers Blick über die allmählich immer deutlicher hervortretende Milchstraße wird plötzlich abgelenkt. Langsam zieht ein Satellit hoch oben im Firmament seine Bahn geradewegs durch den Großen Wagen. Selbst hier oben auf dem Gipfel ist die Zeit nicht stehengeblieben.

III

Erdbeben – nirgendwo sonst ist Mutter Erde so unruhig wie unter Kalifornien. Aber kaum ein anderer Menschenschlag scheint der unaufhaltsamen Drift der Kontinente so fatalistisch entgegenzusehen wie der Kalifornier. Als am 17. Oktober 1989 aber dann doch ein schweres Erdbeben die Gegend um San Francisco erschütterte, kam das Leben für eine kurze Zeit zum Erliegen. Zwei Jahre und drei Tage später sucht eine andere Katastrophe Nordkalifornien heim. In einem der größten Brände in der amerikanischen Geschichte werden Tausende von Häusern in den Hügel oberhalb Oaklands ein Raub der Flammen. Die folgenden Reportagen schildern die Eindrücke in den ersten Stunden und Tagen nach beiden Ereignissen.

Da stecken Hunderte Autos drin

Es war einer dieser herrlichen Herbstnachmittage, wie es sie nur an der Bucht von San Francisco gibt. Trotz einer leichten Brise umströmte die Luft die Haut mit angenehmer Wärme. Der Himmel war wolkenlos, und wegen der späten Jahreszeit brannte die Sonne schon nicht mehr subtropisch. Um 17.30 Uhr sollte das dritte Spiel um die Weltmeisterschaft im Baseball zwischen den San Francisco Giants und dem Lokalrivalen, den Oakland Athletics, beginnen. Die ersten zwei Spiele hatte Oakland gewonnen. Heute jedoch wollten die Giants in ihrem Candlestick-Stadion mit einem Sieg aufholen. Das Stadion ist berüchtigt für seinen Nebel und den eiskalten Wind, der dort gelegentlich weht und die Zuschauer auf Mark und Bein durchfriert. Heute freilich hatte kaum einer der 60 000 Zuschauer Decken und warme Pullover mitgebracht. Die laue Oktoberluft war ideal für Meisterschafts-Baseball.

Doch zum Anwurf des Spiels kam es nicht. Um 17.04 Uhr wurde ganz Nordkalifornien von einem schweren Erdbeben erschüttert. Binnen weniger Minuten füllte sich die klare Herbstluft mit Staub von berstendem Beton und brechendem Mörtel, mit dem Qualm von Bränden und dem Gestank von Benzin, das aus zerstörten Automobilen auslief. Die fünf Millionen Einwohner erlebten jenes Erdbeben, vor dem sie seit Jahrzehnten gewarnt worden waren. Es geschah zur denkbar ungünstigsten Zeit – mitten im Berufsverkehr. Doch von Panik oder gar Untergangsstimmung war am Abend nach dem Beben und in der folgenden Nacht nichts zu spüren. Fast konnte man den Eindruck haben, als sei das Erdbeben ein Ereignis, das ebenso spurlos an Kalifornien vorbeiging wie der Zusammenbruch der Aktienkurse an Wall Street zwei Jahre zuvor.

Während des Bebens saßen wir in einem geparkten Auto. Zuerst schaukelte der Wagen langsam, doch dann trafen die Erdbebenwellen genau die Resonanzfrequenz der Stoßdämpfer. Das Auto begann sich aufzubäumen wie ein wilder Rodeohengst. Nach gut zehn Sekunden war der Spuk vorüber. In dem Villenvorort auf der Ostseite der Bucht schien alles normal. Die Häuser und die nahe Schule hatten keinen Schaden erlitten. Lediglich einige Hunde bellten, und Kinder schrien aufgeregt: „Erdbeben, Erdbeben!" Doch das Autoradio schwieg plötzlich. Keiner der drei Rundfunksender, die Nordkalifornien rund um die Uhr mit Nachrichten versorgen, sendete mehr. Auch auf der Frequenz jener Station, welche nur klassische Musik ausstrahlt, hörte man lediglich Rauschen. Nur ein Rockmusik-Sender stampfte noch dumpf vor sich hin – bis ein aufgeregter Disk-Jockey das Programm unterbrach. „Wow", jaulte er ins Mikrophon, „that was the Big One!"

„Das große Beben" – wie oft waren die Einwohner an der Bucht davor gewarnt worden. Es würde schlimmer kommen als am 18. April 1906, meinten Geologen. Damals war San Francisco von einem schweren Erdbeben und den folgenden Bränden in Schutt und Asche gelegt worden. Zu jener Zeit gab es jedoch weder in San Francisco noch in Oakland Hochhäuser. Auch die Ufer der Bucht waren noch nicht mit Schutt und Schlick zu neuem Bauland aufgeschüttet worden. Ein solcher Untergrund verhält sich bei einem Erdbeben genauso wie Wackelpudding. Damals gab es weder Brücken über die Bucht und noch Autobahnen auf Stelzen. Wenn das, was wir gerade erlebt hatten, „The Big One“ war, so kommt uns in den Sinn, muß die Stadt jetzt in Trümmern liegen.

Auf die Berkeley-Hills, jene Hügelkette oberhalb der Universitätsstadt Berkeley, von der man einen ausgezeichneten Blick über die ganze Bucht von San Francisco hat, sind es nur zehn Minuten. Der Autoverkehr ist weniger dicht als gewöhnlich, einige Ampeln sind ausgefallen. Man fährt wie immer in Amerika, zurückhaltend und vorsichtig. Beim Blick vom Grat der Hügelkette gewinnen wir erstmals einen Überblick über das Ausmaß der Schäden. Unten in Berkeley, in Höhe der Shattuck-Straße, steht eine große schwarze Rauchsäule. Im Marina-Viertel am Yachthafen von San Francisco brennt es. Durch das Fernglas lassen sich lodernde Gebäude ausmachen. Mindestens acht Menschen, so wird später bekannt, sterben in diesem Feuer an der Divisadero-Straße. Gegen acht Uhr abends hat die Feuerwehr den Brand jedoch unter Kontrolle. Gelöscht wird mit Brackwasser, das aus der Bucht gepumpt wird, weil der Druck in den Wasserleitungen zu gering ist. Auch in Oakland und in Richmond im Norden steigen Qualmwolken in den Himmel auf.

Doch der Campanile, der Glockenturm auf dem Universitätsgelände, steht noch unversehrt. Auch der Coit-Tower und die Transamerica-Pyramide in San Francisco scheinen das Beben – wie der größte Teil der Stadt – ohne Schäden überstanden zu haben. Auf der Bay-Bridge allerdings, jener doppelstöckigen Brücke, auf der täglich eine Viertel Million Pendler verkehren, fährt zur Zeit kein Auto. Einer der Nachrichtensender strahlt mittlerweile wieder sein Programm aus. Pausenlos melden sich Hörer über das Telefon und berichten von ihren Erlebnissen während des Bebens. Das Telefonnetz, so scheint es, ist jedenfalls nicht zusammengebrochen. Die Stadtverwaltung bittet alle Feuerwehrmänner sofort zum Dienst zu erscheinen, verkündet der Sprecher. Das Baseball-Spiel, so sagt er fast traurig, finde nicht statt. Im Stadion sei der Strom ausgefallen. Der Sportverein könne die Leute noch nicht einmal nach Hause schicken, da weder die Lautsprecheranlage noch die Anzeigentafel funktionierten. Und die Bay-Bridge sei tatsächlich gesperrt.

Einen Moment zögern wir, ob wir durch den Autotunnel, der durch die Berkeley-Hills nach Oakland führt, fahren sollen. Was mag passieren, wenn ein Nachbeben kommt? Doch der Verkehr auf der Autobahn 24 in Richtung Westen rollt. Ein Stück der Autobahn 880 am Hafen von Oakland sei zusammengebrochen, meint der Radiosprecher, mehr wisse er auch nicht. Im Caldecott-Tunnel sind keine Risse zu sehen. Es liegen weder Fliesen noch Mörtel auf der Straße. Mittlerweile ist die Sonne untergegangen. Über die Telegraph-Avenue geht es in Richtung Innenstadt von Oakland. Die Straßen sind dunkel, weil weder die Straßenlaternen noch die Lichter in den Häusern brennen. Hin und wieder sind Mauerecken aus den Häusern gebrochen. Ziegel und zerborstene Fensterscheiben liegen auf der Straße. In einem Kaufhaus am Broadway hat das Beben die großen Schaufenster gesprengt. Es sieht so aus, als hätten sich Plünderer schon mit der Auslage davongemacht.

Weiter unten, nahe am Hafen, beginnt das heruntergekommene Viertel der Stadt. Schrotthändler haben hier ihre Lager. Auf der San Pablo Avenue gehen – wie immer – einige illegale Freudenmädchen ihrem Gewerbe nach. Aus allen Richtungen scheinen Polizeifahrzeuge und Krankenwagen zu kommen. Sie fahren mit ihren markzerreißenden Martinshörnern oft in entgegengesetzten Richtungen aneinander vorbei. Weiter unten hat die Polizei die Straße abgesperrt. Noch knapp fünfhundert Meter und man hätte die Auffahrt zur Autobahn 880, den Nimitz-Freeway, erreicht. Der Beobachter steigt aus. Die rot-blau blitzenden Alarmlichter der Polizeifahrzeuge lassen diese ohnehin düstere Gegend noch unwirtlicher als sonst erscheinen. Bis auf die Stimmen aus den Lautsprechern der Polizeifunkgeräte ist aber alles still. Die sonst lärmende Autobahn ist völlig ruhig. Als schwarzer Schatten hebt sich der doppelstöckige Freeway vor dem letzten Licht des Abends ab.

Erst als man direkt vor der Autobahn steht, wird deutlich, was geschehen ist. Das Oberdeck ist, soweit das Auge reicht, zusammengebrochen. Die mehr als einen Meter dicken Betonsäulen sind wie Streichhölzer umgeknickt. Ihre Stahlfüllungen ragen bizarr aus den Trümmern heraus. An manchen Stellen liegen Lastwagen auf dem Boden. Das Erdbeben hat sie förmlich von dem Freeway heruntergefegt. Ein blaugestrichener VW-Bus liegt auf dem Dach. Sein Chassis ist von einem dicken Betonklotz zerbrochen. Von der unteren Fahrbahn ist nichts mehr zu sehen. Das tonnenschwere Oberdeck liegt wie eine Panzerplatte auf ihr. Das sei, so erklärt ein Beamter der Autobahnpolizei, eines der am meisten befahrenen Stücke Autobahn in Kalifornien gewesen.

An einer Stelle quillt dichter schwarzer Qualm aus dem schmalen Spalt, der zwischen den Fahrbahnen geblieben ist. Der lichte Abstand hat vor dem Beben mindestens vier Meter betragen. Jetzt haben Feuerwehrleute Mühe in den Zwischenraum zu kriechen. Ein junger Farbiger arbeitet mit nacktem Oberkörper zwischen den Rettungsmannschaften. Später sagt er, daß er in einer Karateschule in der Nähe lehre. Er habe das Beben gespürt und sei dann mit zwei Freunden aus dem Haus gelaufen. Als sie die zusammengebrochene Autobahn gesehen hätten, seien sie auf die Trümmer gekrochen und hätten Verletzte aus den Fahrzeugen gezogen. In dem zusammengebrochenen Stück Autobahn würden wohl Hunderte von Autos stecken. Am späten Abend kommen die ersten Hundeführer und suchen mit ihren Hunden nach Überlebenden – ergebnislos. Bis zum frühen Morgen können die Rettungsmannschaften lediglich sechs Leichen aus den Trümmern bergen.

Die Autobahn ist auf mindestens eineinhalb Kilometern Länge zusammengebrochen. Am nördlichen Ende mündet der Freeway in die Auffahrt zur Bay-Bridge und dann in die Autobahn 80 in Richtung Sacramento. Dort fließt der Verkehr scheinbar normal, obwohl es sich dabei auch um Hochstraßen handelt. Selbst die Auffahrt zur Brücke ist noch bis zu den Mauthäuschen befahrbar. Dort stoppen Polizisten allerdings die Weiterfahrt. Der Brückenkommandant berichtet von mindestens zwei Menschen, die mit ihren Fahrzeugen während des Bebens auf der über 53 Jahre alten, ebenfalls zweistöckig angelegten Brücke umgekommen sind. Ein 15 Meter langer Abschnitt des Oberdecks zwischen Oakland und der Insel Yerba-Buena sei zusammengebrochen. Die Hauptverkehrsader zwischen der Stadt am Goldenen Tor und ihrem kalifornischen Hinterland ist damit unpassierbar.

Später wird ein Fernsehsender einen dramatischen Videofilm zeigen, den ein Amateur kurz nach dem Erdbeben auf der Brücke gedreht hat. Eine Frau hatte versucht, in ihrem Wagen James Bond zu spielen. Mit Vollgas sei sie auf das klaffenden Loch zugefahren und habe es offenbar wie im Autozirkus überspringen wollen. Das sei, so der Brückenkommandant, nicht gelungen. Die Fahrerin wurde mit schweren Verletzungen in ein Krankenhaus gebracht.

Viele Unternehmen, Behörden und Schulen lassen noch in der Nacht über das Radio verkünden, man gebe den Angestellten frei. Einerseits müsse man die Betriebsgebäude nach versteckten Schäden untersuchen. Andererseits seien so viele Autobahnen unpassierbar, daß das Pendeln ohnehin unmöglich sei. Noch in der Nacht stellen die meisten Rettungsmannschaften die Suche nach Überlebenden ein. Man wolle auf das erste Tageslicht warten. Das Erdbeben hat die „Bay Area", wie die meisten Bewohner die Gegend um die Bucht von San Francisco nennen, verändert. Man kann nun nicht leichtfertig tun, als würde es schon nicht zu dem „Großen Beben“ kommen. Die nahe San-Andreas-Verwerfung hatte bewiesen, wie stark sie sich aufbäumen kann.

Der Pazifik schob sich auf Amerika

Die Wolken hängen tief über den Santa-Cruz-Bergen, einem knapp 1000 Meter hohen Gebirgszug im nordkalifornischen Küstengebirge. Es ist unangenehm feucht und kühl, weil sich der Nebel immer häufiger mit dichtem Regen vermischt. Der Niederschlag hatte gegen Mittag eingesetzt und machte die Arbeit der Geologen noch unangenehmer. Zu Fuß suchen sie nämlich in diesem nur schwer zugänglichen Gelände achtzig Kilometer südöstlich von San Francisco nach den Spuren des Erdbebens, das zwei Tage zuvor in Nordkalifornien schwere Schäden angerichtet hatte.

Das Erdbeben mit der Magnitude sieben sei zwar nicht vorhergesagt worden, sagt Malcolm Clark, der Leiter der Wissenschaftlergruppe, es kam aber auch nicht unerwartet. Mit einer Wahrscheinlichkeit von dreißig Prozent, so hieß es in einem vom Geologischen Dienst der Vereinigten Staaten (USGS) herausgegebenen Bericht, werde sich in den nächsten dreißig Jahren in den Santa-Cruz-Bergen ein Erdbeben der Magnitude 6,5 oder größer ereignen. Auf den ersten Blick scheint die von den Geologen vorgelegte Berechnung wenig praktischen Nutzen zu haben. Dreißig Jahre sind eine lange Zeit, und eine Wahrscheinlichkeit von dreißig Prozent erscheint nicht allzu hoch. USGS-Seismologe Bill Ellsworth, einer der Autoren des Berichtes, meint jedoch, daß die Wissenschaft zur Zeit keine genaueren Vorhersagen leisten könne. Man wisse noch viel zu wenig darüber, was sich vor einem Erdbeben im Gestein abspiele. Und nach einem Beben? Malcolm Clark schüttelt nur den Kopf: „Die Bruchlinien und Erdspalten, die wir jetzt hier in den Bergen sehen, passen in keines der theoretischen Konzepte."

Weil das Küstengebiet Kaliforniens in einer gefährlichen Erdbebenzone liegt, wurde es von zahlreichen wissenschaftlichen Institutionen mit dem dichtesten Netz seismischer Meßstationen überzogen, das es auf der Welt gibt. Der USGS, Institute der Universität von Kalifornien in Berkeley und Santa Cruz, und das kalifornische Bergbauministerium betreiben Seismometernetze im Norden des Staates. Die Technische Hochschule von Kalifornien, an der die Seismologen Benno Gutenberg und Charles Richter in den dreißiger Jahren die berühmte Richterskala erfanden, hat Hunderte von Seismometern in Südkalifornien aufgestellt. Die meisten dieser Geräte arbeiten automatisch und übermitteln ihre Meßdaten per Funk an zentrale Auswertestellen. Eine dieser Stellen ist das USGS-Büro in Menlo Park im Silicon Valley. Obwohl dort nach dem Erdbeben zunächst der Strom ausgefallen war, konnte man schon nach wenigen Stunden ziemlich genau berechnen, wo sich das Beben ereignet hatte. Mittlerweile wurde der Wert mehrfach verfeinert. Das Epizentrum liege, so Ellsworth, bei 37 Grad, zwei Minuten Nord und 121 Grad, 53 Minuten West.

Noch hat der Regen nicht eingesetzt und die Sicht ist klar, als Clark den Beobachter auf einen der höchsten Punkte in den Santa-Cruz-Bergen führt. Die Bergspitze hat den spanischen Namen Loma Prieta – zu deutsch „dunkler Hügel". Das Erdbeben habe sich, so Clark, in etwa in 18 Kilometern Tiefe unter dem Loma-Prieta-Gipfel ereignet. Auf dem Berg selbst hat das stärkste Erdbeben Nordkaliforniens seit 83 Jahren aber keine Spuren hinterlassen. Die Mikrowellenstation und der Turm mit einem Sender für den Polizeifunk stehen noch. Dort unten, meint Clark und zeigt auf ein von Südost nach Nordwest verlaufendes Tal, vermute man die San-Andreas-Verwerfung. In einem nahezu parallel verlaufenden Tal auf der anderen Seite des Berges verzeichnen die geologischen Karten eine andere Verwerfung, die Sargent-Linie.

In der Fachsprache der Geowissenschaftler ist eine Verwerfung als eine Trennungslinie zwischen zwei Erdschollen definiert. Die San-Andreas-Verwerfung trennt die amerikanische Erdkrustenplatte von der pazifischen. Da sich diese beiden Platten aufgrund von langsamen Magmaströmen im tiefen Erdinneren gegeneinander bewegen, kommt es entlang der Verwerfung an der Erdoberfläche zu Erdbeben. Dieses Bild stimmt zwar großräumig, doch im Detail, beispielsweise in den dichten Wäldern der Santa-Cruz-Berge, ist die Geologie wesentlich komplizierter. Die San-Andreas-Verwerfung ist nämlich nicht die klare, eindeutige Linie, die stets in Schaubildern gezeigt wird. Statt dessen handelt es sich um eine mehrere Kilometer breite Bruchzone, die von zahlreichen, parallel zueinander verlaufenden Verwerfungen gebildet wird. Keine dieser Trennlinien durchläuft die Bruchzone auf ihrer gesamten Länge. Jede Verwerfung ist nur einige Kilometer lang, hört dann irgendwo auf, nur um einer parallelen Verwerfung einige hundert Meter weit entfernt Platz zu machen.

Wenn Seismologen das Epizentrum eines Bebens bestimmen, enthält der Wert – wie alle physikalischen Messungen – gewisse Fehler. Die Angaben sind daher im günstigsten Falle nur auf wenige Kilometer genau. Die Feinarbeit, die genaue Lage des Epizentrums zu bestimmen, leisten anschließend Feldgeologen im Gelände. Malcolm Clark erklärt: „Bei einem so starken Beben müßten wir eigentlich die aktive Verwerfungslinie anhand von Brüchen an der Erdoberfläche bestimmen können.“ Doch in den ersten beiden Tagen nach dem Erdbeben fanden die Geologen weder auf dem Loma-Prieta-Gipfel noch in den beiden Nachbartälern Spuren von Bruchlinien. Am dritten Tag schließlich wurden sie gut zehn Kilometer vom Gipfel entfernt fündig.

Bauarbeiter sind gerade damit beschäftigt, Schäden auf der Summit-Road zwischen den beiden stark beschädigten Städten Los Gatos und Santa Cruz auszubessern. Malcolm Clark hält seinen Jeep plötzlich vor einer der frisch geteerten

Stellen an. „Schauen Sie sich den Mittelstreifen an!" ruft er. Die durchgezogene Linie ist um mindestens fünfzig Zentimeter verschoben. Bei genauem Hinsehen stellt sich heraus, daß nicht nur der Mittelstreifen verschoben ist. Die gesamte Straße ist entlang des vor wenigen Stunden ausgebesserten, quer zur Straße verlaufenden Bruches um einen halben Meter versetzt.

Clark markiert die Stelle auf der Karte und will die Bruchlinie zu Fuß weiter verfolgen. Durch den mit dichtem Unterholz bewachsenen Wald geht es in ein steiles Tal hinunter. Die Erde ist regelrecht aufgerissen. Selbst auf dem bewachsenen Hang läßt sich die gut einen halben Meter breite Spalte gut verfolgen. Man hangelt sich am Gebüsch vorsichtig ins etwa fünfzig Meter tiefe Tal. Auf einmal scheint der Halt verloren. Es ist so, als ob die Füße dem Gehirn nicht mehr gehorchen wollen. Der Erdboden wackelt. Während der Beobachter sich noch rechtzeitig an einem niedrig hängenden Ast festhalten kann, rutscht Clark den Hang herunter. Nach einigen Metern findet der Geologe wieder Halt. Staubig, aber unverletzt lächelt er hinauf: „Das war ein Nachbeben."

Auch die anderen Mitglieder des Teams haben das Beben gespürt. Die Verwerfung läßt sich nach jeder Straßenseite auf mindestens hundert Metern verfolgen. Sorgfältig wird die Beobachtung in die Karte eingezeichnet. Man will nun versuchen, einen Feldweg zu erreichen, der die Verlängerung der Verwerfung kreuzt. Auch auf diesem Weg ist die Bruchlinie deutlich zu sehen. Doch eines gibt Clark zu denken. Die Richtung des Versatzes stimmt nicht mit dem vorhergesagten Bewegungssinn der beiden Erdkrustenplatten überein. Andere Verwerfungslinien, so berichten Geologen beim abendlichen Erfahrungsaustausch, scheinen sich ebenfalls in die falschen Richtung bewegt zu haben. Clark: „Das können wir absolut nicht erklären."

Auch die Rückfrage bei den Erdbebenforschern hilft nicht weiter. Nach Auswertung der Daten von sechzig verschiedenen Seismometern fanden auch sie eine Überraschung. Im großen und ganzen habe sich der Bruchvorgang entsprechend dem Modell abgespielt. Die pazifische Platte hat sich gegenüber der amerikanischen Platte nach Nordwesten verschoben. Doch zusätzlich habe der Bruch eine starke, nach oben gerichtete Bewegungskomponente gehabt. Der Pazifik hat sich gleichsam auf den amerikanischen Kontinent geschoben. Das, so erklärt Ellsworth, sei für die Erdbeben entlang der San-Andreas-Verwerfung sehr ungewöhnlich.

Noch ist sich niemand wirklich sicher, ob das Beben tatsächlich an der San-Andreas-Verwerfung stattgefunden hat. Das Problem geht nämlich bis ins Jahre 1906 zurück. Nach dem schweren Beben, das damals San Francisco zerstörte, konnten Geologen die Bruchlinie an der Oberfläche auf einer Länge von fast 400 Kilometern nachweisen, nämlich vom Kap Mendocino im Nordwesten bis in die Höhe von San Jose. Südöstlich davon, in den Santa-Cruz-Bergen, verloren sich aber die Spuren. Es geht das Gerücht um, die Geologen hätten damals in einem völlig falschen Tal nach der San-Andreas-Linie gesucht.

Deshalb bezweifelt Gary Griggs, ein Geologe der Universität von Kalifornien in Santa Cruz, daß das jüngste Beben von der San-Andreas-Linie ausging. Er fand entlang einiger Berghänge nordöstlich seiner Universität ebenfalls Spalten und Bruchlinien im Gelände. Diese Linien, so erklärte er, gehörten zu der sogenannten Zayante-Fault, einer bislang wenig beachteten Verwerfung in den Santa-Cruz-Bergen. Andere Geologen glauben, bei den von Griggs gefundenen Brüchen handele es sich um Sekundäreffekte wie Hangrutsche.

Bisher haben weder die Feldgeologen noch die Seismologen ein klares Bild von dem, was sich während des schweren Erdbebens in der Erdkruste unter den Santa-Cruz-Bergen abspielte. So lange es aber weiterregnet, wird man die Suche nach weiteren Verwerfungen einstellen. Denn wenn der Boden einmal durch und durch naß ist, können die vielen Nachbeben leicht zu Hangrutschen führen. Dann, so meint Clark, hätte sein Sturz wahrscheinlich schlimmere Folgen gehabt als die wenigen Schürfwunden. Ein Hangrutsch kann nämlich mit der Wucht einer Lawine zu Tal schießen.

Inferno nur im Fernsehen

Langsam schiebt sich die Fähre unter der Bay-Bridge hindurch. Ein Schwimmkran hebt gerade das herausgebrochene Stück Fahrbahn aus dem unbeschädigten, massiven Stahlträgergerüst. Bis vor dem Erdbeben fuhren täglich eine Viertelmillion Fahrzeuge über die Brücke. Die meisten kamen im Berufsverkehr, morgens zwischen halb sieben und neun und nachmittags ab drei Uhr. Doch seitdem die Erde unter Nordkalifornien bebte, fehlt ein fünfzehn Meter langes Stück Fahrbahn in dem dreizehn Kilometer langen Bauwerk. Für mindestens zwei Monate wird die Brücke über die Bucht von San Francisco für allen Autoverkehr gesperrt bleiben. Von nun an, so hieß es in Zeitungsschlagzeilen, werde sich das Leben im „Goldenen Staat“ für immer verändern. Das Beben sei gar das Ende des kalifornischen Traums gewesen. „San Francisco“, so überschrieb eine überregionale amerikanische Tageszeitung ihre Berichte zwei Tage später, „gräbt sich selbst aus dem Schutt“. Aus Deutschland riefen beunruhigte Freunde und Verwandte an. Ob man denn noch lebe, wurde gefragt. Die im Fernsehen gezeigten Bilder von der Zerstörung seien ja so schrecklich.

Kann man den Besorgten sagen, daß man am Tag nach dem Beben in einem Straßencafé im Stadtteil Pacific Heights bei herrlichem Sonnenschein bereits wieder einen Cappuccino getrunken hat – knapp einen Kilometer vom stark beschädigten Marina-Distrikt entfernt? Werden es die

Nachfragenden glauben, daß die Cable Cars wieder fahren und daß 99 Prozent aller Häuser unbeschädigt sind? Daß die Studentenkneipen in Berkeley geöffnet sind, daß die Garküchen im Chinesen-Viertel wieder unter Dampf stehen? Aber die Bilder im Fernsehen seien doch so schrecklich gewesen, heißt die ungläubige Antwort.

Daß mehr als 60 Menschen bei dem Beben auf zum Teil grausame Weise ihr Leben verloren, ist schrecklich genug. Etwa 5000 Menschen kamen in den Städten San Francisco, San Jose, Santa Cruz und Los Gatos um Hab und Gut. Viele von ihnen waren junge Geschäftsleute, die an den ausstehenden Krediten bankrott gehen werden, oder arme Einwanderer, die auf ein besseres Leben in Amerika hofften. Die mehr als 1400 Verletzten werden jahrelang unter den Folgen des Erdbebens zu leiden haben.

Aber die große Katastrophe, das erwartete Inferno, war das jüngste Beben keineswegs. Erst in den Sendezentralen der Fernsehstationen, in den Studios der amerikanischen Hörfunksender wurde das Erdbeben zu einem „Killerquake" gemacht. Wie ein Wespenschwarm fielen die Reporter aus allen Teilen des Landes in Nordkalifornien ein. Alle Großen der amerikanischen Fernsehnachrichten kamen. Dan Rather von CBS interviewte vor der zusammengestürzten Stadtautobahn. Tom Brokaw und Peter Jennings von der Konkurrenz fanden ähnliche dramatische Standpunkte. Sam Donaldson, der als Reporter Präsident Reagan oft zur Weißglut getrieben hatte, lieferte sich vor den Ruinen des Marina-Distrikts Wortgefechte mit San Franciscos Bürgermeister Art Agnos. Wie vom Herdeninstinkt getrieben, konzentrierten sich die Kameras auf die Stadtautobahn und auf die Häuser in der „Marina". Neben der Berliner Mauer wurden wohl kaum einem anderen Stück Beton auf der Welt soviele Sendeminuten zugestanden wie dem „Nimitz-Freeway".

Diese doppelstöckige Stadtautobahn führt durch eines der ärmsten Viertel Oaklands. Drogenhandel lebt hier in einer seltsamen Symbiose mit Schrotthandel. Wer vor dem Erdbeben in dem heruntergekommen, hauptsächlich von Schwarzen bewohnten „Housing Project“ neben der Autobahn nach der Polizei rief, konnte sich längst nicht immer auf deren Schutz verlassen. Doch der Kollaps der Autobahn brachte ein Polizeikontigent in dieses Viertel, wie man es sonst nur von Staatsbesuchen her kennt. Wen galt es eigentlich zu schützen? Die fragilen Betonstücke der Autobahn, die für mitteleuropäische Verhältnisse nahezu unbewohnbaren Häuser des Ghettos? Oder die Millionen Dollar teuren Übertragungswagen und den mit den Fernsehgrößen reisenden Troß? Daß es Bewohner des Ghettos und Arbeiter der Schrottplätze waren, welche die meisten Überlebenden in den ersten Stunden nach dem Zusammensturz retteten, blieb nahezu unberichtet.

Auch der Normalität des Lebens, das sich außerhalb der beiden Brennpunkte abspielt, wird wenig Platz in Zeitungen und Sendezeit in den elektronischen Medien gewidmet. Bilder, die zeigen, wie normal das Leben nach dem Erdbeben sei, könne er auch aus dem Archiv anfordern, meint ein Fotograf. Und selbst den beiden Lokalzeitungen San Franciscos, dem „Chronicle“ und dem „Examiner“, gelingt es nicht, die Stimmung einzufangen, die in den Tagen nach dem Beben in der Stadt herrscht. Die meisten Menschen sind erleichtert, mit einem blauen Auge davon gekommen zu sein. Doch die Zeitungen haben lediglich Platz für das Drama. Man sei ja selbst betroffen gewesen, erzählt ein Reporter des Chronicle bei einem Bier in einer Bar. Das Pressehaus sei zwei Tage ohne Strom gewesen. Man habe die Zeitung unter erschwerten Bedingungen bei Kerzenlicht und auf Mikrocomputern hergestellt. Auf den Straßen rund ums Pressehaus fahren unterdessen Linienbusse wieder planmäßig, fliegende Händler bieten – wie jeden Tag – Bratwürste und Popcorn an.

Das Erdbeben hat freilich Folgen für die 5,7 Millionen Einwohner der „Greater Bay Area“. Die Sperrung der Bay-

Bridge, der Zusammenbruch des Nimitz-Freeway und die Schäden an der häßlichen Embarcadero-Stadtautobahn, die San Franciscos Hafenfront wie ein zu enges Korsett einschnürt, verschlimmern die ohnehin angespannte Verkehrssituation. Doch die meisten Pendler nehmen die Umwege gelassener hin als erwartet. Man fährt mit der S-Bahn. Zum erstenmal seit 32 Jahren verkehren wieder Personenfähren zwischen Oakland und San Francisco. Die Bay Area ist zwar nicht mehr so automobil wie früher, aber dennoch mobil genug, um Geschäfte zu machen und Handel zu betreiben.

Wie so oft in Kalifornien herrscht bei Psychologen und Therapeuten nach dem Beben Hochbetrieb. Es sei durchaus möglich, daß die Erdstöße zum „Post Traumatic Stress Syndrome" führen könnten, meint ein „Shrink" in einer Talkshow. Diese schwere psychische Störung wurde bisher hauptsächlich bei jenen Vietnam-Veteranen beobachtet, die tagelang unter Vietkong-Beschuß im Dschungel festsaßen. Man überlege, so sagen junge, gutverdienende Einwohner wenige Tage nach dem Beben, ob man nicht aus Kalifornien wegziehen solle. Jedes leichte Schütteln, jeder dumpfe Lärm erinnere an die schrecklichen Sekunden am Dienstagabend. Und selbst die New York Times widmet eine Seite ihrer Sonntagsbeilage Betrachtungen darüber, ob der kalifornische Traum von Sonnenschein, Glück und Freiheit nun aufgrund des Bebens ausgeträumt sei.

Nach dem Erdbeben, das die Sowjetrepublik Armenien im Dezember des Jahres 1988 heimsuchte, brauchten die Rettungs- und Hilfsmannschaften Tage, um selbst das Notwendigste in das Katastrophengebiet zu transportieren. Es fehlte an Decken, Zelten, Nahrung und medizinischem Gerät. Ähnlich war es im Jahre 1964 in Skopje. Genauso ist es immer wieder bei den häufigen schweren Beben in der Türkei oder im Iran. Wer erinnert sich denn noch, daß im chinesischen Tangshan im Jahre 1976 Hunderttausende Menschen umkamen. Die Toten wurden nie gezählt. Unterdessen servierten drei Tage nach dem nordkalifornischen

Erdbeben die Chefköche einiger Feinschmecker-Restaurants den obdachlos gewordenen Einwohnern San Franciscos gedünsteten frischen Seelachs und Petersilienkartoffeln. Am Wochenende spielte das Symphonieorchester im Golden Gate Park in einem Benefizkonzert Beethovens Neunte. In Washington demonstrieren Kapitol und Weißes Haus seltene Einmütigkeit. Man will so schnell wie möglich Milliarden Dollar als Bebenhilfe nach Kalifornien schicken.

Es ist mittlerweile eine Binsenweisheit, daß das Fernsehen unseren Blick für die Ereignisse der Welt verändert hat. Aber es fällt schwer zu glauben, wie sehr die elektronischen Kameras diesen Blick einschränken. Den Videoaugen wird eher geglaubt als den menschlichen Augenzeugen. Die eigentliche Katastrophe im Oktober 1989 fand nicht auf den Straßen von San Francisco statt. Sie wurde in den Mischpulten der Bildregie in den Fernsehhäusern Amerikas zusammengemischt. Das Bildmaterial kam anschließend in kondensierter Form über den Atlantik und gab der angeblichen Katastrophe damit eine noch größere Intensität.

Er frage sich, so erklärte ein Geologe dem Beobachter wenige Tage nach dem Beben im Epizentralgebiet in den Santa-Cruz-Bergen, wie die Journalisten wohl über das nächste Erdbeben in San Francisco berichten werden. Das Beben vom 17. Oktober sei nämlich keineswegs der von Fachleuten erwartete, wirklich große Erdstoß gewesen. Der eigentliche tektonische Entlastungsschlag, welcher der San-Andreas-Verwerfung wieder Luft machen wird, stehe noch bevor. Dann jedoch, so der Geologe, werde es wohl an Superlativen zur Beschreibung der Katastrophe fehlen: „Die habt Ihr ja jetzt schon alle aufgebraucht!“

Wenn der Eukalyptus brennt

Botaniker hatten schon seit Monaten gewarnt: Die Eukalyptus-Bäume in den hügeligen Stadtteilen von Berkeley und Oakland stellten eine große Brandgefahr dar. Während einer Woche außergewöhnlich kalten Wetters im Februar des Jahres 1991 waren die meisten der Bäume erfroren. Die folgenden Sommer und Herbst in Nordkalifornien herrschende Dürre verwandelte dann das zwar abgestorbene, jedoch mit Eukalyptusöl durchtränkte Holz in regelrechten Zunder. Entlang der Wasserscheide am Höhenzug oberhalb der beiden Städte waren die Bäume gefällt worden, nicht jedoch in den Städten selbst. Mit ihren grauen Blättern und dem toten Holz glichen die aberhundert, vor Jahrzehnten aus Australien eingeführten Bäume einem Pulverfaß, das nur auf einen Funken zu warten schien.

Der Sonntag im Oktober, so hatten die Meteorologen für die Bucht von San Francisco vorhergesagt, sollte ein wunderschöner Tag werden. Schon in den frühen Morgenstunden kletterte das Thermometer auf 25 Grad, die relative Luftfeuchtigkeit sank auf knapp unter zehn Prozent. Überall, so auch in den Hügeln auf der Ostseite der Bucht, waren Menschen in Freizeitstimmung mit Fahrrädern, Rollschuhen und zu Fuß unterwegs. Als gegen elf Uhr morgens entlang der Autobahn 24 nahe des Caldecott-Tunnels ein Feuer gemeldet wurde, glaubten die örtlichen Feuerwehren zunächst an einen Routineeinsatz. Doch schon wenige Stunden später war aus dem Brand ein flammendes Inferno geworden. Am frühen Montagmorgen – das Feuer wütete mittlerweile seit 15 Stunden unkontrolliert – bilanzierte ein Behördensprecher: Mindestens zwölf Menschen seien in den Flammen umgekommen, über 80 weitere wurden verletzt. Obwohl mehr als tausend Feuerwehrleute mit 250 Löschzügen im Einsatz waren, seien mehr als 400 Häuser dem Feuer zum Opfer gefallen. Mehr als 5000 Menschen mußten evakuiert werden.

An klaren Tagen hat man vom Kamm der Berkeley-Hills einen wunderschönen Ausblick über die gesamte Bucht von San Francisco und hinaus auf das Goldene Tor mit der kunstvoll geschwungenen Golden-Gate-Brücke. An diesem Sonntagnachmittag jedoch blickt man nur in schmutziggraue Brandwolken. Der Geruch von verbranntem Holz steigt in die Nase und läßt die Augen tränen. Genau zwei Jahre und drei Tage vor diesem Brand hatte der Beobachter von diesem Standort ebenfalls auf die Städte rund um die Bucht geblickt. Am 17. Oktober 1989 erschütterte ein schweres Erdbeben die Gegend. An drei Stellen stieg auch damals schwarzer Rauch auf, doch die Feuer waren schnell gelöscht. Obwohl 63 Menschen als Folge des Bebens umkamen, war der Schaden begrenzt. Nach dem Beben kam zwar das Leben in den Städten für einige Stunden zum Stillstand. Das Erdbeben selbst hatte aber nur zehn, vielleicht 15 Sekunden gedauert. Die Katastrophe kam plötzlich, unerwartet und sofort mit aller Macht.

Das „Inferno von Oakland“ hat dagegen einen anderen Charakter. Langsam – aber zur Brandbekämpfung dennoch viel zu schnell – frißt sich das Feuer von Haus zu Haus. Immer wieder sieht man, wie ein toter Eukalyptusbaum Feuer fängt. Die Flammen schießen fünfzig, vielleicht sogar hundert Meter hoch in die Luft. Wie bei einer Wunderkerze sprühen die Funken, fallen auf zunächst dieses Hausdach, dann auf jenes. Da fast alle Häuser in Kalifornien aus Holz gebaut sind und das Unterholz wegen der Dürre extrem trocken ist, finden die Flammen rasch Nahrung. Einige Einwohner versuchen ihr Eigentum mit Wasser aus Gartenschläuchen zu tränken. Verzweifelt geben sie auf, als die Hitze der herannahenden Flammenwand nicht mehr zum Aushalten ist. Viele rennen um ihr Leben, einige verbrennen mitsamt ihrem Anwesen.

An diesem Tag weht ein leichter Wind aus Nordost. Er droht das Feuer langsam aus den Hügeln herunter in die Innenstädte von Berkeley und Oakland zu treiben. Das Gelände der Universität ist bedroht, mitsamt der physikalischen Forschungstätte des Lawrence-Berkeley-Laboratoriums. Dort wurden neue chemische Elemente entdeckt, das Berkelium, das Lawrencium und das Californium. Aus einem völlig aus Holz gebauten Hotel in der Nähe werden gegen Mittag die Gäste evakuiert. Am späten Abend, als der Wind sich endlich legt, dreht die Flammenwand ab. Weder Hochschule noch Hotel brennen nieder.

Nach Süden zu, in den wohlhabenden Vierteln der Städte Oakland und Piedmont, verbrennt dagegen eine Villa nach der anderen. Immer wieder versuchen Feuerwehrleute Brandschneisen zu schlagen. Über den großen Mountain-View-Friedhof, so hoffte man, würden die Flammen wohl nicht springen. Doch das von den toten Eukalyptusbäumen angefachte Feuer ist zu stark. Mehr als 1100 Grad heiß sollen die Flammen sein, die aus diesen Bäumen schlagen. Der Friedhof, breite Straßen, ja sogar die Autobahnen stellen in diesen Fällen aber keine Hindernisse dar. Die Funken fliegen Hunderte von Metern weit und legen immer neue Brandherde. Am frühen Montagmorgen sind mindestens sieben Quadratkilometer Stadtgebiet verbrannt. Der Qualm der Brände zieht nach Westen nahezu 200 Kilometer weit über den Pazifik hinaus.

Schon einmal, im Jahre 1923, fielen Teile Oaklands einem Großbrand zum Opfer. In diesem größten Feuer in der Geschichte Kaliforniens kamen 20 Menschen um, 584 Gebäude verbrannten damals. Nachdem der kalifornische Gouverneur Pete Wilson die Brände vom Hubschrauber aus inspiziert hat, erklärt er die Städte Berkeley und Oakland zu Katastrophengebieten. Alle verfügbaren Feuerwehrleute Nordkaliforniens werden in das Gebiet beordert. Das Rote Kreuz und die Heilsarmee haben bis zum Abend mehrere Turnhallen zu Notunterkünften umgebaut. Über Funk und Fernsehen wird die Bevölkerung aufgerufen, Nahrungsmittel für die Evakuierten und die Feuerwehrmänner zu spenden. Die Hilfsbreitschaft ist so groß, daß es vor den Notunterkünften zu Verkehrsstauungen kommt.

Von den Hügeln aus betrachtet, liegt in der Nacht zum Montag ein rötlich-orangefarbener Lichtschein über der Bucht von San Francisco. Das Licht der lodernden Flammen wird in dem von ihnen erzeugten Rauch gebrochen. Gelegentlich hört man die Sirene eines Einsatzfahrzeuges aufheulen. Sonst ist es still. Nur der Wind raschelt im vertrockneten Laub der abgestorbenen Eukalyptusbäume.

Über dem verbrannten Wald kreist ein Geier

Bis zum Wochenende hätte jeder Besucher den Stadtteil oberhalb des Caldecott-Tunnels in Oakland als wohlhabenden Villenort beschrieben. Viele Häuser waren in dieser hügeligen Landschaft unter Bäumen versteckt gebaut worden. Von ihren Terrassen bot sich oft ein wunderbarer Ausblick über die Bucht von San Francisco. Unter einer halben Million Dollar wechselte hier kaum ein Haus den Besitzer. Selbst die Namen der in Haarnadelkurven verschlungen Straßen klangen britisch nobel: Buckingham, Marlborough, Dartmouth. Was jedoch nach dem „Inferno von Oakland" von den Häusern übrigblieb, läßt sich mit einem Wort beschreiben: nichts.

Der Küstennebel zieht in Wolken langsam durch den unwirtlichen Wald. Die kühle Seeluft mischt sich mit dem Rauch der noch immer schwelenden Glut zu einem eigenartigen Geruch. Es riecht zwar würzig, gerät man jedoch direkt in eine Rauchschwade, beginnen die Augen zu tränen. Das Feuer hat die vielen Bäume ihrer Äste und Blätter beraubt. Nun staken nur noch schwarze Pfähle in den aschgrauen Himmel. Außer daß gelegentlich ein Feuerwehrmann einen Hang entlang läuft, scheint der Wald völlig tot zu sein. Ab und zu irrt ein Vogel durch sein ehemaliges Revier. In der Asche kratzt ein blauschwarzer Eichelhäher nach Eßbarem. Als müsse der Eindruck von totaler Zerstörung noch verstärkt werden, kreist ein Geier in niedriger Höhe über dem verbrannten Wald. Man erkennt ihn an seinem markanten rotnackten Kopf.

Es dauert eine Weile, bis der Beobachter die Plätze erkennen lernt, an denen bis vor wenigen Tagen noch Häuser standen. Im Wald ist die Asche grauschwarz. Die Häuser verbrannten dagegen zu einem weißlichen Staub. Gelegentlich sind Kamin und Schornstein das einzige, was stehen geblieben ist. Die sonst völlig aus Holz gebauten Häuser scheinen regelrecht verdampft zu sein. Dort, wo ehemals eine Garage gestanden haben muß, findet man jetzt nur noch ausgebrannte Autowracks. Die Temperatur der Flammen war so heiß, daß sie Blechteile schmelzen ließ. Ein Sportwagen schmolz genau in seiner Mitte über einem Stahlträger zusammen. Bug und Heck hängen jetzt weit vom Träger herunter – das Bild erinnert an die Gemälde von Dali.

Ein Haus am Skyline-Boulevard war vor dem Brand zum Verkauf angeboten. Am Straßenrand steht noch ein Schild mit dem Hinweis des Maklers. Das Haus ist bis auf eine Wand völlig abgebrannt. Nur die Schaukel im Vorgarten blieb unversehrt. Es sieht aus, als hätten hier vor wenigen Minuten noch Kinder gespielt. Weiter unterhalb ist von einem anderen Haus lediglich der betonierte Boden der Garage übriggeblieben. Aus den verkohlten Baumstämmen in der Nachbarschaft steigen noch dicke Rauchschwaden auf.

Bei der Weiterfahrt auf der abgesperrten Straße hört der Beobachter plötzlich ein Geräusch, als würde Holz brechen. Im Rückspiegel sieht er dann, wie kurz hinter ihm ein 30 Zentimeter dicker Baum mit lauten Krachen auf die Straße fällt. Sein Stamm war von unten verbrannt. An der Kreuzung der Straßen Buckingham und Bristol suchen Elektriker nach einem Schalthäuschen der Telefongesellschaft. Es müsse dort gestanden haben, meint ein Arbeiter, und weist auf ein Bündel geschmolzener Kabel.

Am Nachmittag gibt Bürgermeister Elihu Harris erstmals verläßliche Zahlen über die Katastrophe bekannt. Vierzehn Menschen starben, 148 wurden verletzt. 355 Löschzüge aus ganz Kalifornien waren im Einsatz. Mindestens tausend Häuser wurden zerstört. Insgesamt sieben Quadratkilometer Stadtgebiet wurden von den Flammen völlig vernichtet.

Gibt es vergleichbare Katastrophen? Die Reporter im Fernsehen bemühen den Superlativ vom größten Brand in Amerika seit dem Großfeuer von San Francisco im Jahre 1906. Mögen Dresden und Hamburg nach den Luftangriffen mit Brandbomben im Zweiten Weltkrieg auch so ausgesehen haben? Auf den Bildern von damals, die der Beobachter nur aus Geschichtsbüchern kennt, waren viele Gebäude wenigstens noch schemenhaft vorhanden. Hiroshima? Die Atombombenexplosion hatte in der japanischen Stadt alles eingeebnet. Hier in Oakland sind zwar an die tausend Häuser verschwunden, es stehen aber noch die Stümpfe der Bäume.

Während man in Gedanken versunken in den Rauch blickt, biegen plötzlich zwei Jeeps um die Ecke. Es sind keine modernen Geländewagen, sondern alte Modelle – geradeso als kämen sie aus dem Zweiten Weltkrieg. Auf ihrer offenen Ladefläche sitzen Soldaten. Einige springen ab und verlangen in scharfem Ton den Presseausweis. Nach einem kurzem Gespräch werden die gesetzten Herren freundlicher. Sie seien von der Nationalgarde und würden das Viertel heute Nacht auf der Suche nach Plünderern durchstreifen. Was denn hier noch zu plündern sei? Metallschrott vielleicht? Die Soldaten zucken die Achseln. Eigentlich hätte man ja recht, aber der Gouverneur habe den Notstand ausgerufen. Der Schutz gegen Plünderer gehöre nun einmal dazu.

Auf der Norfolk-Lane versperren zwei Autowracks den Weg. Eines muß einmal ein großer Straßenkreuzer gewesen sein. Der Lack und der Fahrgastraum ist völlig verbrannt. Einige Stahlbügel auf dem Dach erinnern daran, daß es sich um einen Einsatzwagen der Feuerwehr gehandelt haben könnte. Das sei der Wagen des Brandmeisters gewesen, der in den Flammen umgekommen sei, erklärt ein Polizist.

Plötzlich, so habe der erfahrene Feuerwehrmann noch über Funk durchgegeben, sei er von allen Seiten von Flammen umgeben gewesen.

Das Entstehen des Großbrandes haben die Behörden mittlerweile rekonstruiert. Schon am Samstag habe es an der Buckingham-Straße ein kleineres Buschfeuer gegeben, bei dem etwa zwei Hektar Wald verbrannten. Die Feuerwehr brachte den Brand schnell unter Kontrolle und ließ bis zum Sonntagmorgen eine Wache am Brandherd. Als die Wehrmänner dann zum „Nachlöschen" anrückten, habe plötzlich einsetzender Wind das Feuer neu entfacht. Binnen weniger Minuten sei es, so erklärt Oaklands Branddirektor Phillip Ewell, außer Kontrolle geraten. Der aus Richtung Osten wehende, trocken warme Wind habe das Feuer dann zu dem Inferno angeschürt.

Uptown – Downtown

Downtown – kein anderes Wort konnte die quirlige Urbanität amerikanischer Städte besser beschreiben. Bei Downtown fielen einem Times Square und Broadway ein und Städte, die sich niemals schlafen legen. Downtown ist mit Innenstadt unzureichend übersetzt, weder das auf deutschen Straßenschildern inzwischen übliche „Centrum", noch das Wort Stadtzentrum erfaßten den Sinn. Downtown beschrieb nicht nur den geographischen Mittelpunkt einer amerikanischen Stadt, es vermittelte auch das Feeling, die Aura, das Flair.

So war es einmal. Downtowns bestehen heute – von wenigen Ausnahmen abgesehen – aus Wolkenkratzerschluchten, in denen sich nach Dienstschluß höchstens Penner und Betrunkene aufhalten. Das einst noble Wort Downtown wurde abgelöst durch „Inner City". Gemeint sind damit aber unweigerlich Slums, Ghettos, Drogen und Kriminalität. In kaum einer anderen amerikanischen Großstadt würde der

Verfall von Downtown so deutlich wie in Oakland, dem Nachbarn San Franciscos auf der Ostseite der Bucht hinter dem Goldenen Tor. Alle Versuche der Stadtverwaltung, die Innenstadt zu revitalisieren, schlugen fehl. Selbst der Name Jack Londons, als Schriftsteller und Draufgänger der berühmteste Sohn Oaklands, konnte dem neuen Vergnügungsviertel am Fährhafen nur ein kurzes Leben einhauchen. Die meisten Geschäfte, Bars und Restaurants stehen heute wieder leer.

Kaum ein Außenstehender nahm dagegen Oaklands „Uptown" wahr. Uptown erstreckt sich entlang der Hügel im östlichen Teil der Stadt. Uptown, das waren Villen, die unter Bäumen versteckt gebaut wurden, Terrassen, von denen man einen herrlichen Blick auf die Bucht von San Francisco hatte. Berühmte Architekten entwarfen viele der Häuser. In Uptown regieren weder Drogen noch Kriminalität. Professoren der Universität von Berkeley wohnen hier, reiche Geschäftsleute, neureiche Baseballspieler des Vereins „Oakland Athletics". Uptown Oakland, das war Teil des „amerikanischen Traumes". Wer dort oben wohnte – und sei es nur zur Miete –, der hatte es geschafft.

Zweimal in zwei Jahren wurde Oakland von Katastrophen heimgesucht. Am 17. Oktober 1989 bebte die Erde. In Uptown gerieten damals die Kronleuchter ins Wackeln, einige Bücher und ein paar Gläser mögen hier und da aus den Schränken gefallen sein. In Downtown dagegen bot sich ein Bild der Verwüstung. Die Autobahn 880, eine doppelstökkige Straße auf Stelzen, war auf einer Länge von über einem Kilometer zusammengebrochen. Mehr als 40 Menschen starben in den Trümmern. Mietshäuser wurden stark beschädigt, das Rathaus war für mehrere Monate unbenutzbar. Die Fensterscheiben der wenigen großen Kaufhäuser entlang Oaklands Broadway barsten beim Erdbeben – wenige Minuten später waren die Auslagen leergeplündert.

Am 20. Oktober 1991 brannten in der größten Feuersbrunst der vergangenen 85 Jahren in Amerika fast sieben

Quadratkilometer Uptown nieder. Während die Menschen aus Downtown mit schierem Entsetzen auf die in Flammen stehenden Hügel starrten, rannten die Bewohner Uptowns um ihr Leben. Mindestens 25 Personen schafften es nicht, dem Feuer zu entkommen. Über 2800 Einfamilienhäuser und mehr als 400 Mietwohnungen wurden vom Feuer völlig zerstört. Wertvolle Kunstwerke und Büchersammlungen wurden Raub der Flammen. Viele Bewohner konnten nicht mehr von ihrem Besitz retten als das, was sie gerade am Leibe trugen.

Ein Blick aus der Ferne – vielleicht aus der Geborgenheit eines Fernsehsessels – auf die beiden Katastrophen konnte leicht einen falschen Eindruck entstehen lassen. Das Erdbeben traf die armen Schwarzen in Downtown, während Uptown ohne größere Blessuren davonkam. Da erschien es nur gerecht, daß jüngst Downtown von der Feuersbrunst verschont blieb, während die meist weißen Reichen in Uptown um ihr Leben rennen mußten. Die Reaktion von Behörden und einzelnen Bürgern auf die beiden Notlagen waren jedoch völlig anders, als es den in Europa so häufig verbreiteten Klischees über Amerika – den Gegensätzen von Downtown und Uptown, von schwarz und weiß, von Arm und Reich – entspricht.

Beim Erdbeben sah man, wie sich schwarze Bodybuilder Seite an Seite mit weißen Autobahnpolizisten mit bloßen Händen durch den Schutt wühlten, um Menschen zu retten. Beim Großbrand in den Hügeln über Oakland riskierten schwarze Feuerwehrleute ihr Leben, um die Häuser reicher Weißer vor den Flammen zu schützen. Am Abend des Erdbebens lieferten von der weißen Schickeria in Berkeley bevorzugte Restaurants Sandwiches, Obst und Kuchen in den Turnhallen ab, in denen jene Einwohner von Downtown, die ihr Haus verloren hatten, die Nacht verbrachten. Nach dem Feuer brachten Lieferanten aus Downtown Konserven, Kleidung und Spielzeug in die Notunterkünfte der ausgebrannten Bewohner von Uptown. Schwarze, demokratische

Kongreßabgeordnete saßen mit dem weißen republikanischen Gouverneur Pete Wilson an einem Tisch und berieten über Notstandmaßnahmen. Der schwarze Hauptbrandmeister Oaklands koordinierte alle Einsätze eng mit dem weißen Polizeipräsidenten. Der schwarze Bürgermeister Elihu Harris verließ sich bei seinen Entscheidungen auf einen vornehmlich aus Weißen bestehenden Beraterstab.

Ohne Zweifel haben die beiden Katastrophen die Menschen in Oakland einander nähergebracht. Downtown war nach dem Erdbeben auf die Hilfe der Bewohner Uptowns angewiesen. Und ohne den selbstlosen Einsatz vieler Einwohner aus Downtown wäre dagegen die Feuersbrunst in Uptown nicht zu bändigen gewesen. Zweimal in den vergangenen Jahren hat sich – zumindest für einige Tage – die Aufmerksamkeit Amerikas auf Oakland gerichtet. Man sah, daß weder Arm noch Reich von Katastrophen verschont bleiben, daß schwarz und weiß auch in Extremsituationen zusammenarbeiten können. Oakland kann diese Chance nutzen, das Image einer drogenverseuchten, heruntergekommenen Stadt abzustreifen.

IV

Drogenhandel, Banden, Frauenmörder und Rassenhaß – Kalifornier nehmen mittlerweile Gewaltkriminalität als ebenso unvermeidlich hin wie einen Autounfall. Mit den meisten Verbrechern geht die Justiz im „Golden State“ nicht zimperlich um, anderen gibt sie aber eine Chance, sich bei harter Arbeit in freier Natur zu bewähren.

Moochie war schon immer gewalttätig

Der Geruch in Jon's Burgerstation an der 105. Straße erinnert an einen heruntergekommenen Schnellimbiß. Der Zigarettenqualm gibt dem Gestank nach altem Speiseöl eine besonders üble Komponente. Zu dieser Mittagsstunde sitzen zwei Farbige vor dem Tresen und essen still ihre Hamburger. Die Männer sind Arbeiter auf dem Schrottplatz nebenan. Das überdimensionale Kofferradio – der Ghettoblaster – neben der Friteuse spielt heute keine Rockmusik. Es ist auf die Frequenz von KCBS eingestellt, einer Rundfunkstation in San Francisco, die rund um die Uhr nichts anderes als Nachrichten sendet. Als ein Reporter live aus dem Highland-Krankenhaus berichtet, halten die beiden Männer beim Essen inne. Nach kurzer Zeit murmelt einer: „Moochie war schon immer gewaltätig.“

Der Reporter erzählt, wie der 28 Jahre alte David Esco Welch und die ein Jahr ältere Rita Marie Lewis im Krankenhaus der Untersuchungsrichterin Judith Ford vorgeführt werden. Welch kam früher oft zu Jon's. Er hatte nie eine feste Arbeit, jedoch immer Geld – viel Geld. Er verdiente es im Tyrone-Carney-Park, auf der anderen Seite des Bahndamms. Selbst an diesem nebligen Dezembertag stehen etwa dreißig Farbige in jenem dreieckigen Stück Park, das seinen Namen wirklich nicht verdient hat. Das einzige Grün im Tyrone-Carney-Park ist ein Basketballplatz aus Beton, den man mit Farbe verschönert hat. Im Park kann man aber soviel Rauschgift kaufen, wie das Portemonnaie hergibt. Und David Esco Welch war einer der Großen vom Tyrone-Park. Hier nannten ihn alle nur „Moochie“.

Jetzt liegt Moochie mit einem zertrümmerten Oberschenkel im Krankenhaus. Es ist unwahrscheinlich, daß er jemals wieder bei Jon's einkehrt. Er und Rita Lewis traten nämlich kürzlich an einem frühen Morgen die Eingangstüre des rotgestrichenen Holzhauses auf dem Grundstück Pearmain Street 10 510 auf der anderen Seite des Schrottplatzes ein. Mit einer Hand hielt er eine Uzi-Maschinenpistole, in der anderen Hand hatte er eine 3–57er Magnum. Rita Lewis war mit einem 38er Revolver ausgerüstet. Als die beiden wenige Minuten später das Haus verließen, waren sechs Menschen tot, darunter auch zwei Kleinkinder.

Daß solch eine grausame Bluttat in Oakland schon lange überfällig war, behaupteten viele Kenner der Szene. Für lange Zeit war diese Stadt nur die dreckige, vernachlässigte Schwester San Franciscos. Sie hatte zwar auch einen großen Hafen, doch das Hafenviertel war verkommen. Auch sonst fehlte der Hauch von Exklusivität, wie er solche Viertel in San Francisco wie Nob Hill oder Telegraph Hill umgibt. Erst in den achtziger Jahren hat sich in Oakland wieder so etwas wie Selbstbewußtsein entwickelt. Downtown erhielt große Bürogebäude. Die Chinatown wurde für Touristen erschlossen, und am Hafen entstand ein „sauberes“ Kneipen- und Restaurantviertel – benannt nach dem Raufbold und Schriftsteller Jack London.

Doch im Süden Oaklands leben hauptsächlich Farbige. Viele Häuser sind heruntergekommen, auf den Straßen stehen ausgeschlachtete Autowracks. Hier ist die Arbeitslosigkeit mit nahezu dreißig Prozent besonders hoch. Oaklands Süden steht in der Kriminalstatistik Kaliforniens obenan.

Der Rauschgifthandel ist ein großes Geschäft, ein so großes Geschäft, daß manch ein Dealerkönig für die Bevölkerung im Ghetto zu einer Art Volksheld wird. Einige von ihnen verteilen nämlich Geld an die Ärmsten der Armen in den Viertel, kaufen Lebensmittel und verteilen sie. Nachdem kürzlich einer dieser Dealerkönige von Oakland erschossen wurde, wandte sich ein anachronistischer Trauerzug durch die heruntergekommenen Straßen der Stadt. Der Sarg wurde in einer schwarzen Pferdekutsche zum Friedhof gefahren. Dahinter fuhren die Trauergäste in silbernen Rolls Royces und schwarzen Cadillacs.

Moochie war jedoch kein solcher Big Shot. Er war gegen sie lediglich ein kleiner Fisch, der sich die Hälfte seines Lebens mit dem Arm des Gesetzes herumschlug. Als er 15 war, ging er wegen Diebstahls erstmals ins Jugendgefängnis Chabot-Ranch. Ein Jahr später schlug er einen Gleichaltrigen mit einem 1,20 Meter langen Metallrohr nieder. Am 3. Juni 1981 wurde er wegen Autodiebstahls zu sechs Jahren Gefängnis verurteilt. Während des Prozesses warf er einen vollen Wasserkrug nach Richter Wilmont Sweeney. Er saß nur gut zweieinhalb Jahre der Strafe im Staatsgefängnis von Soledad ab, denn am 31. Januar 1985 wurde er begnadigt. Wegen Raubes nahm ihn die Polizei im folgenden August jedoch erneut fest. Schließlich wurde er am 24. Januar 1986 endgültig entlassen. Schon vorher bekam er öfter Freigang.

Während dieser Zeit traf er sich gelegentlich mit der 16 Jahre alten Dellane Mabrey. Lehrerin Alberta Merchant beschreibt Dellane als ein fröhliches Mädchen: „Sie war süß und hat immer gelacht.“ Im Alter von zwölf Jahren hatte sich Dellane in Leslie Morgan verknallt. Aus der Romanze wurde bald Liebe, und mit 13 bekam sie ihr erstes Kind, eine Tochter mit dem Namen Valencia. Zusammen mit dem Kind und Leslie lebte sie im Haus ihrer Mutter Barbara (37).

Moochie verschwieg Dellane, daß er lediglich Freigänger war. Er hatte immer reichlich Geld und fuhr schnelle Autos. Dellane verließ schließlich ihren Lebensgefährten Leslie.

Kurze Zeit später wurde sie wieder schwanger. Der Vater war Moochie. Dellane war bereits im vierten Monat, als sie von Moochies Vergangenheit erfuhr. Sie trennte sich daraufhin von ihm und kehrte zu ihrer Tochter und Leslie ins Haus der Mutter zurück – dem roten Holzhaus auf der Pearmain Street 10 510.

Moochie war extrem eifersüchtig. Häufig folgte er Dellane ins Elternhaus, begann Streit mit der Familie. Am 1. Juli 1986 wurde er erneut für kurze Zeit festgenommen. Die Polizei hatte ihn mit mehreren Kilogramm Heroin und Kokain erwischt. Doch der Untersuchungsrichter ließ ihn gegen 25 000 Dollar Kaution frei. Im September gebar Dellane einen gesunden Sohn. Sie gab ihm den Namen Dexter. Welch wollte ihn immer häufiger sehen, doch Dellanes Familie war dagegen. Gelegentlich lauerte Moochie Dellanes Mutter auf. Er fuhr mit dem Auto zunächst neben ihr her und rief: „Ich bringe dich um!" Dann versuchte er die Frau zu überfahren. Dann drang er schließlich in das Haus ein und bedrohte die Mabrey's mit einer Pistole. Welch wurde wieder festgenommen. Kurz vorher hatte er die beiden Brüder von Dellane jedoch gebeten, auf seine beiden Bulldoggen aufzupassen. Während Welch für vierzehn Tage im Gefängnis saß, verschwand einer der beiden Hunde. Als Welch schließlich kam, um die Hunde abzuholen, war er außer sich. Er schwor Rache.

Als er dann am einem späten Abend wieder vor dem roten Holzhaus randalierte, rief Barbara Mabrey die Polizei. Bevor die Streifenwagen eintrafen, schoß Moochie noch mit einer Uzi auf ein erleuchtetes Fenster und verschand. Neben Dellane Mabrey, ihren beiden Kindern und ihrer Mutter befanden sich noch Leslie Morgan, Dellanes Brüder Darnell und Orlando sowie eine Freundin der Mutter, die 34 Jahre alte Catherine Walker, mit ihrem vier Jahre alten Sohn Dwayne im Haus. Um Mitternacht, so haben Nachbarn beobachtet, löschten die Mabreys die Lichter im Haus und gingen schlafen. Um kurz vor fünf tauchte dann Welch mit seiner Bekannten Rita Lewis auf und schoß wild um sich. Leslie Morgan schaffte es, ihm die Uzi aus der Hand zu schlagen, doch dann begann Rita auf die beiden kämpfenden Männer zu schießen. Sie traf Morgan in die Schulter und gab offenbar versehentlich mehrere Schüsse auf Welch ab. Die Kugeln zertrümmerten seinen Oberschenkelknochen. Welch und Lewis flohen daraufhin blutüberströmt. Außer Lewis überlebten wie durch ein Wunder lediglich der kleine Dexter und Mutter Barbara das Massaker.

Am nächsten Tag wurde die Polizei zur 103. Straße, Ecke Sunnyside-Street gerufen. Ein stadtbekanntes Freudenmädchen berichtete aufgebracht, daß zwei blutverschmierte Menschen in ihr Haus eingedrungen seien. Sie konnte fliehen und die Türen von außen verriegeln. Oaklands Sheriff schickte sofort ein Einsatzkommando zur Sunnyside-Street. Die Polizisten riefen in dem Haus an. Rita Lewis ging ans Telefon und versprach nach einiger Zeit aufzugeben. Wenige Minuten später zerschlug sie ein Badezimmerfenster und verletzte sich, als sie durch die Scherben kroch. Blutend, aber mit erhobenen Händen lief sie auf die Beamten zu. Um 13.25 Uhr ergab sich schließlich auch David Welch. Er wurde in Handschellen auf einer Bahre aus dem Haus getragen. Das Fernsehen übertrug diese Szenen live und in Farbe.

Am nächsten Tag widmete Oaklands Lokalzeitung „The Tribune“ ihren Leitartikel dem Massaker: „Die Stadt kämpft einen hoffnungslosen Kampf um nationale Anerkennung. Die Aufmerksamkeit fällt nie auf das neue, schöne Oakland. Man schaut nur auf jene Seite, in der Rauschgift, Mord und Prostitution herrschen.“ Doch diese Seite gibt es in fast jeder amerikanischen Großstadt, sei es die Bronx in New York, sei es Roxbury in Boston oder East Los Angeles. Die Männer aus Oakland, die bei Jon’s ihren Hamburger kauen, sind nur für kurze Zeit erschüttert über das Massaker. Für sie ist es wichtiger, einen Arbeitsplatz zu haben und eigenes Geld zu verdienen, denn die Mehrheit der Schwarzen in den großen Städten lebt mittlerweile vom Sozialamt. In Venice bei Los Angeles, auf dessen Strandpromenade sich stets die Gaukler treffen, lockt ein Mime sein Publikum mit folgenden Worten: „Wenn ich jetzt hier keine Geschichten erzählte, dann bliebe mir nichts anderes übrig, als in Eure Häuser einzubrechen und zu stehlen.“ Die Situation für viele Schwarze in Amerika läßt sich wohl kaum treffender beschreiben.

Der Mörder ist noch ein Kind

Es begann mit einem Handgemenge, einer Auseinandersetzung zwischen zwei Jugendlichen, die man in Deutschland wohl als harmlose Schlägerei bezeichnen würde. Für die Bewohner eines der heruntergekommensten Viertel von Oakland, dort wo sich drei Autobahnen in einem fünfstöckigen Spaghettiknoten aus Beton treffen, gibt es aber schon lange keine Harmlosigkeit mehr. In dieser Gegend vergeht kaum eine Nacht, ohne daß Schüsse fallen – die schnellen Salven aus einer Uzi oder das dumpfe Knallen aus den halbautomatischen Neun-Millimeter-Pistolen. Drogenbanden beherrschen die Straßen. Auch die jüngste Auseinandersetzung endete tödlich. Von zwei Kugeln getroffen, verblutete „Beeper Mike“ im Rinnstein der Webster Street. Für die durch die vielen Morde in Oakland abgebrühten Polizisten handelte es sich zunächst um einen „normalen“ Mordfall aus der Drogenszene. Es verschlug ihnen allerdings die Sprache, als sich am Tag nach dem Mord der Tatverdächtige stellte. Vor der Kripo stand ein mit bunten Bermuda-Shorts und einem blauen Hemd bekleidetes Kind. Dieser gerade zwölfjährige Junge gab zu, sein siebzehn Jahre älteres Opfer von hinten mit einer 22er Pistole ermordet zu haben.

In Oakland leben etwa 350 000 Menschen, gerade halb so viele Einwohner wie in jeder der beiden anderen Großstädte an der Bucht von San Francisco, nämlich San Jose und San Francisco selbst. In Oakland starben im Jahr 1990 aber insgesamt 161 Menschen von Mörderhand, mehr als in den beiden Nachbarstädten zusammen. Bezogen auf hunderttausend Einwohner erreicht Oakland fast die Mordrate der Hauptstadt Washington, der Mordkapitale Amerikas. Die meisten Tötungsdelikte in Oakland haben mit Drogen zu tun, mit Crack-Kokain genauer gesagt. Es gibt Stadtviertel, so das am Autobahnkreuz und eines in der Nähe des Baseball-Stadions, wo Crack-Dealer am hellichten Tag in aller Öffentlichkeit ihre tödliche Ware verscherbeln.

Längst nicht alle Drogengeschäfte in Oakland laufen mehr auf offener Straße ab. Zahlreiche Drogenhändler treten nur noch selten öffentlich in Erscheinung. Sie kommandieren ein Netz von Kurieren, die jeweils nur kleine Mengen Rauschgift direkt bei Kunden abliefern. Die meisten Kuriere sind Teenager oder Kinder, die einmal eben unauffällig irgendwo ein Päckchen abgeben. Die Kinder sind nicht straffähig und können, werden sie erwischt, sich stets damit herausreden, daß sie über den Inhalt des Päckchens nichts gewußt haben. Diese Unschuldsfassade täuscht aber, denn dahinter steckt ein ausgeklügeltes Informationssystem. Die meisten Kuriere besitzen Telefonpiepser, über die ihr Drogenboß sie ständig erreichen kann. Diese „Beeper" sind zu einer regelrechten Mode unter den schwarzen Teenagern in Amerika geworden. Zahlreiche Schulen verbieten ihren Schülern mittlerweile das Tragen dieser Geräte während des Unterrichtes.

Damit die Telefongesellschaften keinen Verdacht schöpfen, werden die Piepser über Mittelsmänner angeschafft. Der nun erschossene „Beeper Mike" war ein solcher Strohmann. Er hatte für mehrere Drogenbanden die elektronischen Piespser angeschafft und angemeldet. Als es jedoch Streit um einige dieser Geräte gab, kam es zu einem Handgemenge. Dann fielen die Schüsse, und Beeper Mike brach getroffen zusammen. Die Beteiligten stoben auseinander. Als die Polizei eintraf, lag das Opfer bereits im Sterben. Blut floß vom Bürgersteig in den Rinnstein.

Erste Ermittlungen in der Nacht ergaben, der Täter sei ein zwölfjähriger Drogenkurier gewesen. Er war der Polizei schon mehrfach aufgefallen, weil er sich oft mit viel älteren Drogenhändlern anlegte. Die Kripobeamten wollten den Informanten aus der Szene allerdings nicht so recht glauben. Einen Mord traute man dem Kind doch nicht zu. Doch dann stellte sich der Junge. Mit seiner Mutter und einem Rechtsanwalt kam er zur Polizeistation und gestand unter Tränen, er habe „Beeper Mike“ erschossen. Die Polizisten nahmen den Verdächtigen fest.

Zum Schutz des minderjährigen Tatverdächtigen wurde sein Name nicht bekannt gegeben. Man weiß lediglich, daß er in die siebte Klasse der Westlake Junior High School ging, einer vornehmlich von Schwarzen besuchten Schule. Die Bevölkerung Oaklands war betroffen. Wie weit sei es gekommen, daß Kinder nun schon in der Drogenszene morden, fragte Bürgermeister Elihu Harris fassungslos. Daß ein zwölfjähriger kaltblütig einen Mord begeht, ist auch in Oakland sicherlich ein Einzelfall. Dennoch nehmen die schweren Straftaten Jugendlicher in allen Teilen Amerikas zu. In Oakland wurden im Jahr 1990 insgesamt 9,2 Prozent mehr Schwerverbrechen von Jugendlichen begangen als im Jahre 1989. Unter den 17 jugendlichen Mördern, die im Jahre 1990 in Oakland verhaftet wurden, befanden sich zwei 14-jährige. In allen 50 Bundesstaaten zusammen verurteilte man im gleichen Zeitraum 2208 Jugendliche wegen Mordes. Im Jahre 1984 wurden dagegen „nur“ 1004 jugendliche Mörder dingfest gemacht. Die meisten jugendlichen Täter waren Schwarze.

Über die Ursachen der Zunahme der Schwerstkriminalität unter Jugendlichen gibt man sich in Oakland wenig Illusionen hin. Der Drogenhandel ist in einigen Stadtteilen zum wichtigsten „Wirtschaftszweig“ geworden. Immer mehr Jugendliche wachsen in Familien ohne Vater auf. Der in Drogengeschäfte verwickelte große Bruder ist dann oft das einzige männliche Vorbild. Seinesgleichen eifern die Kindern dann häufig allzu emsig nach. Die Zustände in den Schulen in Oakland werden wie auf einer absteigenden Spirale immer schlimmer. Die Gewalt unter den Schülern nimmt zu, die Autorität der Lehrer schwindet. Deshalb kommen immer weniger gute Lehrer in diese Schulbezirke, die Qualität des Unterrichts nimmt ab, was wiederum zu gelangweilten Schülern und mehr Gewalt führt. Weil der kalifornische Staatshaushalt außerdem ein Defizit von mehreren Milliarden Dollar aufweist, wurde eine Ausgabensperre für die staatlich unterstützten Schulen verordnet. Notwendige Renovierungen unterbleiben, Hilfskräfte und Lehrer werden entlassen.

Was unterdessen mit dem zwölfjährigen Mordverdächtigen geschehen soll, wird diskutiert. Bewährungshelfer und Sozialarbeiter meinen, es sei wenig sinnvoll, das Kind zu verurteilen und einzusperren. Ein Gefängnisplatz koste etwa 30 000 Dollar im Jahr. Das Geld solle man lieber der Mutter des jugendlichen Straftäters zur Verfügung stellen, um der Familie einen Weg aus der ärgsten Armut zu ermöglichen.

Frei und trotzdem gejagt

Er sei als Seemann auf allen sieben Meeren gefahren und habe manche schlimmen Dinger gedreht. Doch einer Frau, einer Frau wiederholt er, würde er nie etwas zuleide tun. Gelassen krempelt Lawrence „Larry" Singleton den rechten Ärmel seines weißen Oberhemdes herunter. Soeben hat er einen Test am Lügendetektor bestanden. „Haben Sie Mary Vincent vergewaltigt?" Nein. „Haben Sie die beiden Unterarme von Mary Vincent mit einem Beil abgehackt?" Nein, erklärt er wieder in ruhigem Ton. Die Tintenschreiber des Detektors zeichnen dabei normale Kurven auf das Papier. Frank Connolly, ein ehemaliger FBI-Agent und Spezialist im Umgang mit Lügendetektoren, kann daraus nur einen Schluß ziehen: „Larry glaubt das, was er antwortet."

Ein Schwurgericht in San Diego hatte Singleton im Jahre 1979 allerdings nicht geglaubt. Es sprach ihn eines der grausamsten Verbrechen in der Geschichte Kaliforniens schuldig. Die Geschworenen sahen es als erwiesen an, daß der damals 50 Jahre alte Seemann am 29. September 1978 die 15 Jahre alte Anhalterin Mary Vincent auf einer einsamen Del-Porto-Canyon-Road im Landkreis Stanislaus mit Rauschgift willfährig gemacht, vergewaltigt und ihr anschließend beide Unterarme abgehackt hatte. Rücksichtlos habe er das bewußtlose, blutüberströmte Mädchen in einem trockengefallenen Abwasserrohr liegen gelassen. Wie durch ein Wunder hatte Mary Vincent überlebt. Seit dem Lügendetektortest ist Larry Singleton nach dem Gesetz wieder ein freier Mann. In Wirklichkeit ist er jedoch ein Gejagter. Mit seiner Freiheit kommt die Angst, von irgendwem erkannt und von einem aufgebrachten Mob gelyncht zu werden. Die Abscheu vor dem grausamen Verbrechen ist in Kalifornien zum offenen Haß gegen den Mann geworden, der dafür zwar verurteilt, aber nun wegen guter Führung vorzeitig entlassen wurde.

Bei dem Prozeß im Jahre 1979 konnte der Ankläger, Staatsanwalt Donald Stahl, nur eine einzige Augenzeugin in den Zeugenstand bitten: Das Opfer Mary Vincent selbst. Sie idenfizierte Singleton als ihren Attentäter. Doch einige Indizien waren nicht eindeutig. Die Blutgruppe des am Tatort gefundenen Spermas entsprach nicht derjenigen Singletons. Das Beil, das in Singletons Lieferwagen gefunden wurde, schied als Tatwaffe aus. Bei dem Prozeß hatte Singleton mehrfach seine Unschuld beteuert. Er habe in der Tatnacht neben Mary Vincent noch zwei weitere Männer als Anhalter mitgenommen. Gemeinsam habe man getrunken und Rauschgift geraucht. Als er dann allein weiterfuhr und Mary Vincent mit den beiden Männern zurückließ, habe das Mädchen noch ihre beiden Arme besessen. Doch mit dieser Aussage verstrickte sich der damals trunksüchtige Singleton in Widersprüche zu seiner ursprünglichen Geschichte. Direkt nach seiner Verhaftung hatte er gegenüber der Polizei zugegeben, mit Mary Vincent geschlafen zu haben und auch oral mit ihr verkehrt zu haben – eine nach kalifornischem Gesetz verbotene Form des Beischlafs.

Die beiden mysteriösen Männer, von denen einer ebenfalls Larry geheißen haben soll, konnte die Polizei nie finden. Die Geschworenen sprachen Singleton schließlich schuldig, ein Richter verurteilte ihn wegen Vergewaltigung, Fellatio und Verstümmelung zu 14 Jahren und vier Monaten Haft – der maximal möglichen Strafe. Singleton wurde in die Strafanstalt von San Luis Obispo eingewiesen. Mary Vincent begann nach dem Prozeß in den einsamen Bergen Oregons ein neues, zurückgezogenes Leben. Sie lernte, wie ein Contergan-Kind mit ihren Armstümpfen zu arbeiten. Im Jahre 1986 wurde sie Mutter eines gesunden Kindes. Sie gestand damals einer Illustrierten in einem Interview, daß sie Singleton noch immer fürchte.

Mary Vincent ist mit ihrer Angst nicht allein. Nachdem er acht Jahre seiner Strafe verbüßt hatte, wurde Singleton wegen guter Führung auf Bewährung entlassen. Man stellte ihn unter Aufsicht von Bewährungshelfern, die in Kalifornien Polizeistatus haben. Täglich mußte er das Medikament Disulfiram einnehmen, das zu schlimmen Magenkrämpfen führt, wenn man auch nur einen kleinen Schluck Alkohol trinkt. Er wollte sich im Landkreis Contra Costa eine Wohnung nehmen – doch die Bewährungshelfer mußten ihn vor aufgebrachten Nachbarn schützen. In Concord stürmten über 100 Menschen ein Motel, in dem sie Singleton vermuteten. Die Städte San Francisco, Sacramento und San Diego erwirkten einstweilige Verfügungen, nach denen Singleton diese Städte nicht betreten durfte. Es gab nur einen Grund, warum die Gerichte diese Verfügungen erließen: Die Städte konnten nachweisen, daß ihre Polizeikräfte nicht ausreichen würden, eine aufgebrachte Menge davon abzuhalten, Singleton zu lynchen. Als Singleton mit seinen Bewachern in einem Motel in der kleinen Gemeinde Rodeo auftauchte, versammelten sich innerhalb einer Stunde 500 Menschen auf dem Parkplatz. Auf Plakaten drohten sie „Tod dem Vergewaltiger". Unter laufenden Fernsehkameras brachten mehrere Dutzend Polizisten Larry Singleton schließlich in Sicherheit.

Der damalige Gouverneur George Deukmejian machte dem öffentlichen Aufruhr schließlich ein Ende. Er verfügte, daß Singleton den Rest seiner Bewährungzeit auf dem Gelände des berüchtigten Zuchthauses San Quentin zu verbringen hat. Jeder Tag, den Singleton auf dem Zuchthausgelände verbrachte, kostete den kalifornischen Steuerzahler 1300 Dollar, erklärt Bob Gore, der Pressesprecher des Justizministeriums.

Neun Monate lang lebte Singleton dort in einem kleinen Wohnwagen hinter Stacheldrahtzäunen und unter Wachtürmen. Theoretisch war er ein freier Mann, doch er tat nichts ohne Aufsicht der Justizbehörde. Singleton lebte abgeschieden. Er legte einen kleinen Garten an. Einmal in der Woche fuhren ihn seine Bewährungshelfer zu Therapiesitzungen bei einem Psychiater. Gelegentlich erhielt Singleton Besuch von seiner geschiedenen Frau Mary Collins und einer Gruppe von Freiwilligen einer Gefangenenhilfsorganisation. Interviews mit Journalisten lehnte er durchweg ab – bis auf eins mit der lokalen Fernsehstation KQED, das kurz vor seiner endgültigen Entlassung ausgestrahlt wurde.

Darin gibt er sich jovial und entspannt. Bei seinen gelegentlichen Scherzen blitzen die blauen Augen. Er trägt zwar jetzt einen gepflegten grauen Vollbart. Doch auch der Bart kann das zerschundene Gesicht des ehemaligen Trinkers nicht verbergen. Er sei irischer Abstammung und feiere eben gerne, erklärt er seinen ehemals unstillbaren Durst nach Alkohol. Er sei jetzt nicht mehr abhängig und habe sich auch ohne Hilfe des Medikamentes voll unter Kontrolle. Deshalb könne er sich nach Ablauf der Bewährung auch gelegentlich ein Glas Wein zum Essen gönnen.

Vor den Fernsehkameras stellt sich Singleton dann dem

ehemaligen FBI-Agenten und seinem Lügendetektor. Dort streitet er die Tat nochmals ab. Tester Connolly erklärt daraufhin, daß ein solcher Test kein Beweis für Singletons Unschuld sei. Immerhin zeige der Lügendetektor aber, daß Larry an das glaube, was er erzähle. Die Psychologin der Bewährungshilfe Joyce Sutton hält das für eine typische Schuldverdrängung. „Larry ist einfach nicht in der Lage, seine Schuld anzuerkennen und einzugestehen." In den neun Jahren hinter Gefängnismauern habe er es geschafft, alle Erinnerung an die Tat zu verdrängen. Nur mit einer langwierigen Therapie wäre es vielleicht möglich, den Schuldkomplex wieder aufzuarbeiten.

Doch zu einer Psychotherapie kann den Verurteilten niemand mehr zwingen. Wenige Tage vor dem Bewährungsende verließ Larry Singleton die Gefängnishalbinsel von San Quentin. Seine Bewährungshelfer brachten ihn an einen geheimgehaltenen Ort. Justizsprecher Bob Gore erklärte danach vor der Presse: „Larry Singleton ist seit Mitternacht ein freier Mann. Heute morgen um acht Uhr hat er schließlich die Aufsicht der Bewährungshelfer verlassen. Er hat uns nicht gesagt, wohin er gehen wird." Vieles spricht dafür, daß Singleton in den Landkreis Douglas in den Bergen Oregons fuhr – nicht um nach Mary Vincent zu suchen, sondern um die religiöse Sekte „Braut Christi" aufzusuchen. Deren Oberhaupt, Pastor Thomas Smith, hatte Singleton eingeladen, die erste Zeit nach der Entlassung im Schutz dieser christlichen Gemeinschaft zu verbringen. Smith, so fanden Zeitungsreporter heraus, hat mit Singleton wenigstens eins gemeinsam. Auch er hat bereits eine Gefängnisstrafe hinter sich. Pastor Smith wurde wegen sexueller Nötigung von Minderjährigen verurteilt.

Welle der Gewalt auf den Freeways

Es war ein typischer Sommermorgen in dieser autophilen Metropolis Los Angeles. Dichtgedrängt, aber trotzdem stetig schob sich die Blechlawine über den Artesia-Freeway. Das Ehepaar Algimantus und Mary Gustaitis aus Long Beach war, wie an jedem Werktag, ein Teil des morgendlichen Pendlerstroms auf dieser wichtigen West-Ost-Autobahn in den südlichen Stadtteilen. Mister Gustaitis steuerte, wie immer, den Wagen. Seine Frau saß, wie üblich, auf dem Beifahrersitz und las ein Taschenbuch. In der Nähe des Lakewood-Boulevards zerbarst plötzlich die Windschutzscheibe ihres Dodge. Glassplitter trafen Marys Gesicht, sie schrie vor Schreck, auf die Seiten ihres Buches tropfte Blut. Der Polizei erklärte Gustaitis später, daß sein Fahrzeug von dem Fahrer eines anderen Wagens beschossen worden sei.

Zwei Nächte später auf dem Laurel-Canyon-Boulevard in North Hollywood: Henry Kingi wartet mit seinem Wagen vor einer roten Ampel. Auf der hinteren Sitzbank spielt sein vierjähriger Sohn. Mit quietschenden Reifen stellt sich ein offener Jeep vor Kingis Auto. Die sechs Insassen, zwei Männer und vier junge Frauen, beschimpfen den wartenden Fahrer. Kingi steigt aus, es kommt zu einer verbalen Auseinandersetzung. Plötzlich zieht der Jeepfahrer eine Pistole und drückt ab. Kingi geht, in Arm und Brust getroffen, zu Boden. Der Jeep prescht davon. Diese beiden Szenen sind nicht etwa Teil einer neuen Krimiserie aus den Studios in Hollywood – sie sind blutige Realität in Los Angeles. Der Autobahnpolizei „California Highway Patrol“ (CHP) werden immer mehr Fälle bekannt, in denen Autofahrer einander beschießen.

Für den gelegentlichen, an die Raserei deutscher Schnellstraßen gewöhnten Besucher Amerikas haben schon allein die Namen der Autobahnen Kaliforniens einen romantischen Klang. Sanft und gleichmäßig gleiten auf zehn Spuren verteilt die Autos über den „San-Diego-Freeway“. Der

„Hollywood-Freeway“ glänzt im Sonnenlicht, während man langsam einen Fernlaster überholt und in den „Golden-State-Freeway“ einbiegt. Das Dahingleiten im Servozeitalter unter kalifornischer Sonne macht Autofahren wieder zu einem elementaren, entspannenden Erlebnis. Kalifornien ist ein riesiger Autoscooter, nur die Musik, die aus dem Radio kommt, ist viel besser als auf dem Jahrmarkt.

Die Realität sieht jedoch anders aus. Das tägliche Pendeln mit dem Auto zwischen Wohnung und Arbeitsplatz ist ein Teil des „American Way of Life“ überall zwischen Atlantik und Pazifik. Doch in Südkalifornien konnte der Straßenbau mit der stetig zunehmenden Zahl von Autos schon seit langem nicht mehr Schritt halten. Auf den 840 Kilometer Autobahnen im Landkreis Los Angeles sind täglich mehr als fünf Millionen Autos unterwegs. Zu den beiden Stoßzeiten morgens und abends lassen sich nur etwa 90 Kilometer dieses Autobahnnetzes ungestört befahren. Die restlichen 750 Kilometer sind heillos verstopft. Die Durchschnittsgeschwindigkeit auf diesen Strecken beträgt weniger als 30 Kilometer pro Stunde. Pragmatische Pendler nutzen den permanten Stau, um sich hinter dem Lenkrad zu rasieren, Zeitung zu lesen oder zu frühstücken. Unternehmen bieten Kassetten fürs Autoradio zur Weiterbildung und zum Fremdsprachenstudium an.

Doch je mehr Autos auf den Freeways unterwegs sind, desto größer werden die Frustrationen im Stau. Die Lichthupe, von der man früher glaubte, sie werde in amerikanische Autos überhaupt nicht eingebaut, wird mittlerweile auch in Los Angeles kräftig benutzt. Während vor einigen Jahren das Wechseln der Fahrspur auf amerikanischen Autobahnen noch verpönt war, kämpfen jetzt Kolonnenspringer auch hier um jeden Meter. Und oft wird auf den Freeways so dicht aufgefahren, daß man die Augenfarbe des Fahrers im folgenden Auto im eigenen Rückspiegel erkennen kann. Drohgebärden sind mittlerweile fast so häufig wie das „Vogelzeigen“ unter deutschen Autofahrern. Polizeimeister Richard Richards, seit Jahren Streifenbeamter der CHP-Wache in Los Angeles, erklärt: „Früher gab es nur gelegentlich handgreifliche Auseinandersetzungen zwischen frustrierten Autofahrern auf den Freeways. Das kommt jetzt immer öfter vor. Und die Schießereien sind ganz neu."

Angefangen haben die Autobahnschießereien im Jahre 1987 in Newhall, ganz im Norden von Los Angeles. Der 30 Jahre alte Motorradfahrer Alvin Allen wurde auf dem Golden-State-Freeway von einer Brücke aus beschossen. Innerhalb der folgenden drei Wochen kam es zu mindestens vier ähnlichen Zwischenfällen. Die Polizei maß dem zunächst wenig Bedeutung bei. Die Behörden schlugen jedoch Alarm, als ein 17 Jahre alter Autofahrer auf dem Corona-Freeway durch einen Schuß tödlich verletzt wurde. Kurz darauf wurde der Polizist Denny McClain aus einem vorbeifahrenden Wagen beschossen, als er gerade ein weiteres Fahrzeug anhielt und mit dessen Fahrer sprach.

Insgesamt 47 lokale und staatliche Polizeiorganisationen bildeten unter Führung der CHP eine Eingreiftruppe, die nach den „Rambos der Straße", so der „Los Angeles Herald", fahnden sollte. Man richtete ein Krisentelefon ein, bei dem besorgte Autofahrer mittlerweile fast pausenlos anrufen und Gewaltakte auf den Autobahnen melden. Die Zeitungen und Fernsehgesellschaften berichteten ausführlich über den „Straßenkrieg" in Los Angeles. Der Polizeichef der Stadt Los Angeles, Daryl Gates, wies seine 317 Motorradstreifen an, nur noch mit kugelsicheren Westen auf das Krad zu steigen.

Doch Kritiker werfen der Polizei und den Medien in Los Angeles Übertreibung vor. Mit ihrer ausführlichen Berichterstattung über einige wenige Einzelfälle habe man unter den Millionen Autofahrern eine unnötige Hysterie erzeugt. Die Wagenlenker auf den Freeways seien jetzt noch reizbarer und leichter zu provozieren als früher. Aus „Sicherheitsgründen" würden sich mittlerweile auch unbescholtene Pendler eine Pistole ins Handschuhfach legen. Mit jeder

Waffe mehr, nehme jedoch die Wahrscheinlichkeit zu, daß auf den Freeways geschossen werde. Und außerdem würden die Möchtegern-Rambos durch die Berichterstattung geradezu animiert, ihre Frustrationen auszuleben, während sie sich früher vielleicht noch zurückhielten.

Die Polizei-Eingreiftruppe steht der „Welle von Gewalt“ (Los Angeles Times) hilflos gegenüber. In dem Verkehrsgewühl auf den Freeways können die Schützen leicht untertauchen und werden selten gefaßt. Dem Normal-Pendler rät die CHP, sich nicht provozieren zu lassen. Werde man von einem anderen Autofahrer mit Lichthupe und dichtem Auffahren bedrängt, solle man frühzeitig nachgeben. Streifenfahrer Richards: „Meiden Sie in solchen Fällen den Blickkontakt und gestikulieren Sie nicht.“ Es scheint, daß es mit dem vielbesungenen Lächeln der „California Girls“ aus den offenen Autofenstern auf den Freeways bald vorbei sein dürfte.

Massaker aus Rassenhaß

Stumm und in sich gekehrt stehen die Kinder vor dem Schultor. Rechts vom Eingang weist das Schild auf die Cleveland-Grundschule. Auf dem Podest vor dem Schild liegen Blumen und Kränze. Einige Erwachsene halten vor der Schule inne. Viele weinen still. Einige asiatische Frauen schluchzen. Wenige Tage zuvor hatte ein arbeitsloser Amokläufer den Hof dieser Schule in ein Schlachtfeld verwandelt. Mit über 100 Schüssen aus einem automatischen Gewehr streckte er innerhalb von vier Minuten 35 Kinder und eine Lehrerin nieder, bevor er sich selbst tötete. Fünf Kinder asiatischer Eltern starben bei dem Anschlag - und mit ihrem Tod haben Hunderte Einwanderer aus Südostasien ihr Vertrauen in das „Land der unbegrenzten Möglichkeiten“ verloren. Der Amokschütze Patrick Edward Purdy tötete nämlich aus Rassenhaß.

Stockton ist trotz seiner 170 000 Einwohner eine Kleinstadt. Im fruchtbaren kalifornischen Zentraltal am Rand des Sacramento-Deltas gelegen, ist es ein Umschlagplatz für das Obst und Gemüse, das in dieser produktivsten Agrarlandschaft der Welt angebaut wird. Die große Attraktion in Stockton ist das in jedem Frühjahr stattfindende Spargelfest. Die Landwirtschaft ist zwar immer noch das Standbein Stocktons, doch in den letzten Jahren wandelte sich die Wirtschaftsstruktur der Stadt. Gewerbebetriebe wurden angesiedelt. Einige junge High-Tech-Unternehmen flohen vor den hohen Mietpreisen und den steigenden Lebenshaltungskosten in den Städten rund um die Bucht von San Francisco hierhin, ins Vorgebirge der Sierra Nevada. Die Schulen der Stadt gelten durchweg als gut. Ein College und eine kleine Universität bieten Chancen für eine akademische Ausbildung.

Mit dem wirtschaftlichen Strukturwandel ging eine Veränderung der Bevölkerungstruktur einher. Bis vor zehn Jahren dominierten die Weißen, sei es als Farmer, Kaufleute oder Verwaltungsangestellte. Eine vornehmlich aus Mexikanern bestehende Unterschicht lebte von der Saisonarbeit in der Landwirtschaft. Die Saisonarbeiter sind geblieben, doch seit dem Ende des Vietnamkriegs kamen immer mehr Flüchtlinge aus Südostasien in die Stadt. Eine genaue Statistik gibt es nicht, doch das Stadtbild erhält einen zunehmend asiatischen Einfluß. China-Restaurants gibt es ohnehin in jeder Stadt Amerikas, in Stockton kann man aber auch vietnamesich, kambodschanisch, thailändisch und laotisch essen. Neben den christlichen Kirchen entstanden buddhistische Tempel. Die meisten der Einwanderer sind jung und strebsam. Mit ihrem asiatischen Fleiß besetzen sie nun Arbeitsplätze, die früher der weißen Mittelschicht vorbehalten waren. Und ihre Kinder füllen die Schulen der Stadt. Allein 70 Prozent der 940 in der Cleveland-Grundschule eingeschriebenen Schüler haben asiatische Eltern.

Das war früher anders. Als Patrick Edward Purdy in diese

Schule ging, wurde sie fast ausschließlich von weißen Kindern besucht. Die Familie Purdy war aus dem Bundesstaat Washington nach Stockton gezogen. Purdys Vater, Patrick Benjamin, erhielt einen Stellungsbefehl und diente einige Jahre in Vietnam. Er wurde schließlich als geistig unzurechnungsfähig aus der Armee entlassen. Kurz danach ließen sich Purdys Eltern scheiden. Der Sohn blieb zunächst bei der Mutter und besuchte die Cleveland-Grundschule bis zum dritten Schuljahr. Die Mutter heiratete wieder. Als sie sich jedoch ein zweitesmal scheiden ließ, erhielt der Vater das Sorgerecht. Patrick Benjamin Purdy hatte mittlerweile zu trinken begonnen. Das führte dazu, daß aus seinem Sohn ein unberechenbarer Einzelgänger wurde. Ende der siebziger Jahre, im Alter von zwölf Jahren, kam er erstmals mit dem Gesetz in Konflikt. In Los Angeles wurde er mehrmals wegen Rowdytums und des Besitzes von Haschisch aktenkundig. Als sein Vater im Jahre 1981 bei einem Autounfall starb, verlor Patrick Edward Purdy auch noch den letzten Halt.

Seitdem schlug er sich als Gelegenheitsarbeiter durch. Er lebte zeitweise bei seiner Tante in einem kleinen Dorf in Oregon, zog nach Tennessee und Texas. Immer wieder kam er jedoch ins kalifornische Zentraltal zurück. Bei seinen Besuchen wohnte er oft in einem heruntergekommenen Motel in Stocktons Nachbarstadt Lodi. Als die Polizisten nach dem Amoklauf das Zimmer des 24 Jahre alten Mannes durchsuchten, fanden sie zwei weitere Pistolen und zahlreiche Militaria, darunter Landserhefte und Soldatenfiguren. Bekannte Purdys schilderten ihn gegenüber den Vernehmungsbeamten als einen Mann voller Haß, der sein Leben lang auf der Flucht gewesen sei. Vor allem in letzter Zeit habe er sich immer wieder über die vielen Asiaten in Stockton aufgeregt. Die Polizei gewann den Eindruck, Purdy habe die Einwanderer dafür verantwortlich gemacht, daß er nie eine ordentliche Stelle bekam.

Die Polizei fand weder einen Abschiedbrief des Amokschützen, noch Zeugen, die in den Tagen vor dem Attentat mit Purdy gesprochen hatten. Deshalb dürfte das eigentliche Motiv für den Anschlag nie gefunden werden. Polizeipsychologen sind sich jedoch sicher, daß Purdy seine Abneigung gegen die Einwanderer aus Südostasien nicht kontrollieren konnte. Rassenhaß scheint daher zumindest vordergründig das Tatmotiv gewesen zu sein. Nicht immer treten die Gegensätze so kraß zutage wie bei der psychopathischen Persönlichkeit Purdys. Doch unterschwellig erlebt man vielerorts in Kalifornien Vorurteile gegen die Neueinwanderer aus Asien.

Die erste große Welle von Einwanderern aus Asien erreichte Kalifornien während des Goldrausches im Jahre 1849. Es waren ausnahmslos Chinesen, die damals als billige Arbeitskräfte für die Goldfelder angeheuert wurden. Später waren sie als Arbeiter beim Eisenbahnbau durch den Wilden Westen entscheidend beteiligt. Sie wurden dabei oft nicht viel besser als Sklaven behandelt. Von einzelnen Ausnahmen abgesehen, blieben deshalb die Chinesen bis heute auch weitgehend unter sich. Die Chinatowns von San Francisco und Oakland sind auch heute noch ausschließlich von Chinesen bewohnte Stadtviertel. Es gibt eigene Schulen und auch eigene Stadtverordnete. Die Chinesen in San Francisco sind zu einer einflußreichen Minderheit geworden, die zwar Wählerstimmen bringt, jedoch im sozialen und kulturellen Leben der Stadt nur eine Rolle am Rande spielt.

Glaubt man den Untersuchungen von Soziologen, ist die neue Generation von Einwanderern aus Südostasien viel eher bereit, ihre kulturelle Eigenständigkeit aufzugeben und sich in Amerika zu assimilieren. Das wird besonders an den Hochschulen Kaliforniens deutlich. Mehr als 60 Prozent der Studenten in den natur- und ingenieurwissenschaftlichen Fächern sind asiatischer Herkunft. Die jungen Ingenieure in der für die Wirtschaft Kaliforniens so wichtigen Elektronikbranche dürften künftig ebenfalls mehrheitlich asiatische Namen tragen. Weiße Studenten an der Universität von Kalifornien in Berkeley mokierten sich kürzlich öffentlich darüber, daß asiatische Studenten stets in den ersten Reihen der Hörsäle sitzen. Viele Tutoren in den Kursen an den Universitäten stammen ebenfalls aus Asien. In vielen Städten übernahmen asiatische Einwanderer die Führung von Lebensmittelgeschäften, Restaurants und Cafés. Sie verdrängen damit weiße Amerikaner von ihren Arbeitsplätzen. Gemeinsam mit den noch immer nicht verheilten Narben des Vietnamkrieges schafft das neue Spannungen zwischen den Weißen und Asiaten. Gelegentlich entlädt sich der unterschwellig aufgestaute Haß in sinnlosen Massakern – so wie in Stockton.

Der langsame Tod in der Gaskammer

Es war genau sechs Uhr zehn morgens, als der Scharfrichter im kalifornischen Staatsgefängnis San Quentin außerhalb einer achteckigen Stahlkammer einen Hebel umlegte. Wie gebannt starrten 49 Zeugen durch die fünf Fenster in das Innere des luftdicht abgeschlossenen Raumes. Von der Bewegung des Hebels angestoßen, fielen dort einige Cyankalitabletten in eine mit Schwefelsäure gefüllte Wanne. Wenige Minuten später war Robert Alton Harris, der einzige Mensch innerhalb der Kammer, tot – vergiftet von den bei der chemischen Reaktion entstandenen Blausäuregasen.

Der 39 Jahre alte Harris war ein Doppelmörder, der für seine Tat - die Geschworenen hatten ihn im Jahre 1979 für schuldig befunden – mit dem Tode büßen sollte. Dreizehn Jahre lang hatten seine Anwälte aber die Hinrichtung mit Einsprüchen, einstweiligen Verfügungen und Gnadengesuchen hinausgezögert. Noch in den letzten Stunden vor seinem Tod mußte sich der Oberste Gerichtshof in Washington mehrmals mit dem Fall beschäftigen. Als Harris schließlich in der Gaskammer starb, war zum erstenmal seit einem Vierteljahrhundert im bevölkerungsreichsten Bundesstaat Amerikas ein Mensch hingerichtet worden.

Im Jahre 1976 hatte das Oberste Bundesgericht in Washington die Todesstrafe in Amerika für verfassungskonform erklärt. Seitdem starben in zwanzig amerikanischen Bundesstaaten über 170 Menschen auf dem Schafott, 70 weitere wurden im Laufe der Berufungsverfahren zu lebenslangen Zuchthausstrafen begnadigt. Insgesamt können die Gerichte in 38 der 50 amerikanischen Bundesstaaten die Todestrafe verhängen. Die Parlamente von 12 Bundesstaaten, darunter Massachusetts, New York und Hawaii, haben dagegen die Todesstrafe ganz abgeschafft. Seit der Entscheidung des Obersten Gerichtes hatte es bis Ende März 1992 in 18 Bundesstaaten Hinrichtungen gegeben. Dann wurde erstmals seit 1963 wieder ein Todesurteil in Arizona vollstreckt. Einen Monat später folgte Kalifornien mit der ersten Hinrichtung seit 1967.

In den meisten Bundesstaaten werden die zum Tode Verurteilten heute durch Infusionen hingerichtet. Dazu wird ihnen ein Gemisch aus einem schnellwirkenden Schlafmittel und Kaliumchlorid, einer zum Herzstillstand führenden Chemikalie, injiziert. In vielen anderen Staaten enden die Verurteilten auf dem elektrischen Stuhl. Gaskammern gibt es außer in Kalifornien noch in Arizona, Maryland, Mississippi und Nord-Carolina. Lediglich in Idaho und Utah warten Erschießungskommandos auf die Verurteilten, in Delaware, Montana und im Staate Washington sterben die Todeskandidaten durch den Strang.

Im Jahre 1937 entschied das kalifornische Parlament in Sacramento, die Todesstrafe nicht mehr durch Hängen, sondern in einer Gaskammer zu vollstrecken. Daraufhin wurde im Staatsgefängnis San Quentin die zweieinhalb Meter lange, mit zwei Stühlen bestückte Kammer installiert. In ihr starben seitdem 190 Menschen. Am 3. Juni 1955 vollstreckte der Henker dort innerhalb eines Tages gleich drei Todesurteile. Nacheinander starben damals Barbara Graham, Jack

Santo und Emmett Perkins. Dieses Bankräuber-Trio hatte im Laufe seiner „Karriere“ mehrere Menschen kaltblütig erschossen. Der letzte Mensch, der vor Harris in der Gaskammer hingerichtet wurde, war Aaron Mitchell. Er war wegen Polizistenmordes zum Tode verurteilt worden. Das Urteil wurde am 12. April 1967 vollstreckt. In kalifornischen Gefängnissen sitzen jetzt noch 328 zum Tode Verurteilte ein, darunter auch eine Frau.

Ein Gericht in San Diego verurteilte Robert Alton Harris im Jahre 1979 wegen eines Doppelmordes zum Tode. Am 5. Juli 1978 hatten er und sein jüngerer Bruder Daniel in dieser südkalifornischen Stadt zwei 16 Jahre alte Teenager in ihrem Auto entführt. In einem Waldstück erschoß Harris die beiden Jugendlichen. Anschließend begingen er und sein Bruder einen Bankraub. Den Wagen der Teenager benutzten sie als Fluchtfahrzeug. Robert Alton Harris sei alleine für die Morde verantwortlich, lautete damals das Urteil des Gerichtes.

Seit diesem Urteilsspruch hatten Harris’ Anwälte zahlreiche Rechtsmittel eingelegt. Sie wollten eine Wiederaufnahme des Verfahrens oder zumindest eine Begnadigung zu lebenslanger Freiheitsstrafe erreichen. Nachdem alle Rechtsmittel ausgeschöpft waren, lehnte Kaliforniens Gouverneur Pete Wilson ein Gnadengesuch endgültig ab. Der Termin für Harris’ Hinrichtung wurde daraufhin festgelegt. Die Anwälte erreichten aber mit einer weiteren einstweiligen Verfügung eine Aufschiebung der Hinrichtung. Der Tod in der Gaskammer sei grausam und unmenschlich, lautete ihr Argument. Unter anderem beriefen sie sich dabei auch auf die Aussagen verschiedener Überlebender von Auschwitz. In den Gaskammern der Konzentrationslager hatten die Nazis nämlich ebenfalls Blausäuregas, das sogenannte Zyklon-B, eingesetzt.

Der 9. Appellationsgerichtshof in San Francisco hob die Verfügung jedoch 24 Stunden vor der geplanten Hinrichtung auf. Wenig später erließ allerdings ein Einzelrichter desselben Gerichtes erneut eine einstweilige Verfügung. Darin wurde der Termin für die Hinrichtung abermals aufgehoben. Eine Rechtshilfegruppe hatte den erneuten Aufschub erwirkt, weil man angeblich Beweise gefunden hatte, nach denen der Bruder des zum Tode Verurteilten ebenfalls Schüsse auf die beiden Teenager abgegeben haben sollte. Gegen diesen Entscheid legte die Staatsanwaltschaft Kaliforniens beim Obersten Gericht in Washingtron Berufung ein. Dort gab man dem Einspruch aus Sacramento statt.

Um kurz vor vier Uhr morgens, fast vier Stunden nach dem ursprünglich für die Hinrichtung festgesetzten Termin, wurde Harris daraufhin in die Gaskammer geführt und auf Stuhl „B“ festgeschnallt. Augenzeugen berichteten, der Henker habe gerade den Auslösemechanismus für die Cyankalitabletten betätigen wollen, als erneut ein Fax des Appellationsgerichtes im Staatsgefängnis von San Quentin einging. Darin wurde die Hinrichtung abermals verschoben. Harris wurde aus der Gaskammer geführt und zurück in seine Zelle gebracht. Auch gegen diesen Aufschub legte die Staatsanwaltschaft Berufung ein. Die neun Richter am Obersten Gerichtshof gaben dann mit sieben gegen zwei Stimmen dieser Berufung statt. Gleichzeitig untersagten die obersten Richter den Einsatz jeglicher weiteren Rechtsmittel. Nachdem dieser Spruch an das Gefängnis übermittelt worden war, wurde Harris erneut in die Gaskammer geführt. Um 6.21 Uhr starb der Doppelmörder.

Harte Arbeit, wenig Lohn

Das Prasseln der kirschgroßen Hagelkörner auf die schwere gelbe Plastikplane übertönt das wilde Rauschen der Gebirgsbäche. In Windeseile heben die jungen Leute einen kleinen Graben aus. Er leitet das Sturzwasser ab, das sich sonst in die offene Feuerstelle ergießen würde. Immer wieder schaut David Karplus auf die drohend schwarzen Kumuluswolken, die sich über den Dreitausendern der Sierra Nevada zusammenbrauen: „Das ist hier oben das erste schwere Gewitter dieses Sommers." Doch ebenso überraschend, wie Platzregen und Hagelschlag begannen, scheint eine knappe Stunde später wieder die Sonne auf das primitive Zeltlager.

Die acht jungen Leute eilen zum Bach, dem Woods Creek. Der Baumstamm, der bisher als Brücke diente, ist von den wildschäumenden Fluten längst überspült. Wer jetzt versuche, den Bach auf diesem Stamm balancierend zu überqueren, sei lebensmüde, meint Steven Gustafson. Zum Glück sei ja jetzt die Brücke fertig. Gut 30 Meter stromauf überquert die neue Hängebrücke den Fluß. Die zentimeterstarken Tragkabel sind fest im grauen Granit verankert. Die Holztürme auf beiden Ufern ruhen auf festen Betonfundamenten. Mit 42 Metern Spannweite entschärft diese Brücke einen der gefährlichsten Punkte des John-Muir-Höhenweges der Sierra Nevada. Oft genug mußten Wanderer hier in 2600 Metern Höhe tagelang warten, bis sich der Woods Creek nach Regenfällen wieder beruhigte und einen Balanceakt auf dem Baumstamm zuließ. Immer wieder fielen Wanderer in den reißenden Gebirgsbach und konnten sich nur mit Mühe retten.

Vier Wochen lang haben nun David Karplus und seine Crew an der Brücke in der Wildnis dieses einsamen Nationalparks gearbeitet. Da die Baustelle fast 30 Kilometer von der nächsten Straße entfernt lag, wurde das Baumaterial mit Maultieren herangeschafft. Lediglich die Einzelteile für die beiden Türme kamen per Hubschrauber. Für den Anmarsch zum Bauplatz brauchen selbst geübte Wanderer zwei Tage. Über tausend Höhenmeter sind auf dem sich immer wieder um Schuttlawinen schlängelnden Pfad zu überwinden.

Das besondere an der Brücke über den Woods Creek ist nicht nur, daß es eine der längsten Hängebrücken im fast 20 000 Kilometer langen Wanderwegenetz der amerikanischen Nationalparks ist. Bemerkenswert ist vor allem, daß keiner der acht jungen Erbauer ausgebildeter Ingenieur oder Bauarbeiter ist. Truppführer David Karplus beispielsweise ist Mathematiker, John Leonard, seine rechte Hand, studiert im Winter Forstwirtschaft in Nordkalifornien. Steven Gustafson will Umweltingenieur, seine Freundin Terri Vroman Hauptschullehrerin werden. Sie alle wurden von der Parkverwaltung für den Sommer angestellt, weil sie eine Lebenserfahrung gemeinsam haben. Sie verbrachten nämlich mindestens ein Jahr im „California Conservation Corps" (CCC), einem Programm, mit dem der Staat Kalifornien jungen Leuten den Start ins Leben erleichtern will.

„Unser Motto", so beschreibt CCC-Sprecherin Susan Lawitzke in der Landeshauptstadt Sacramento das Programm, „lautet: Harte Arbeit, wenig Lohn, miserable Lebensumstände." Was sich zunächst ein wenig nach Reichsarbeitsdienst anhört, hat mit den Spatenbrigaden des Dritten Reiches aber nichts zu tun. Dem CCC kann jeder Bürger Kaliforniens im Alter zwischen 18 und 23 Jahren freiwillig beitreten. Nach einem zweiwöchigen Einweisungskurs werden die Aspiranten einem CCC-Trupp zugeteilt. Die Arbeit in diesen Trupps reicht vom Wegebau in der Sierra Nevada über das Anlegen von Spielplätzen bis hin zum Bau von Sonnenheizungen für öffentliche Schwimmbäder.

Das CCC wurde im Jahre 1976 vom damaligen demokratischen Gouverneur Jerry Brown gegründet. Junge Leute verschiedener Herkunft, so wollte es der Politiker, sollten durch harte körperliche Arbeit den Umgang miteinander ebenso erlernen wie den Umgang mit der Natur. Der aus einer Professorenfamilie stammende David Karplus trat dem CCC bei, nachdem er am College in Santa Barbara das Mathematik-Examen bestanden hatte. Andere „Kids" im CCC verbrachten ihre Jugend in Kinderheimen und haben noch nicht einmal einen Hauptschulabschluß.

Politiker und Sozialwissenschaftler kritisierten die Idee von Gouverneur Brown als Illusion. Es galt als sicher, daß Browns Nachfolger, der konservative Republikaner George

Deukmejian, das Programm kurz nach seiner Amtsübernahme im Jahre 1983 abschaffen würde. Doch stattdessen baute er das Programm derart aus, daß etwa 2100 junge Kalifornier dem Korps beitreten konnten. Der Jahresetat beträgt knapp 50 Millionen Dollar. Nur ein Drittel des Geldes wandert in die Lohntüten der Mitarbeiter, die knapp 1000 Mark im Monat verdienen. Susan Lawitzke: „Wenn die Leute halbstags bei einer Schnellimbißkette arbeiten würden, verdienten sie mehr Geld."

Doch es ist nicht das Geld, was die jungen Leute am CCC reizt. Ron Richardson, mit 22 Jahren der jüngste Brückenbauer am Woods Creek, berichtet von seiner Jugend in den Vororten von Los Angeles im Landkreis Orange. Drogenhandel und Gewalt gehörten dort zum Alltag in Schule und Freizeit. Bevor die mittlerweile berüchtigten Bandenkriege in den heruntergekommenen Stadtvierteln ausbrachen, bewarb sich Ron beim CCC. Er lernte dort mit Schaufel, Spitzhacke und Spaten umzugehen. Nach wenigen Wochen wurde der kräftige, blondhaarige junge Mann einem Wegebautrupp im Kings Canyon zugeteilt. „Es war das erstemal, daß ich die Berge von nahem sah", meint er. Die schwere körperliche Arbeit in der Sierra Nevada habe ihm so großen Spaß gemacht, daß er sich in diesem Sommer bei der Parkverwaltung als Saisonarbeiter bewarb.

Ähnlich ging es dem mittlerweile 28 Jahre alten John Leonard. Auch für ihn war die CCC-Arbeit die erste Begegnung mit den Bergen. Es war so etwas wie Liebe auf den ersten Blick. Seit Jahren arbeitet er nun im Sommer für die Parkverwaltung im Kings Canyon. Im Winter, wenn das Hochgebirge zugeschneit ist, studiert er Forstwirtschaft an einer kleinen Universität in Nordkalifornien. Doch längst nicht alle Jugendlichen, die dem CCC beitreten, bringen es so weit wie David, Ron und John. Nur etwa ein Fünftel aller Anfänger hielten das erste Jahr durch, gesteht Susan Lawitzke. Vielen Jugendlichen sei entweder die Arbeit zu schwer oder die Bezahlung zu gering.

Aber jene, die durchhalten, haben gute Aussichten auf einen gutbezahlten, sicheren Job. Mittlerweile hat das CCC in Kalifornien einen ausgezeichneten Ruf. Die Trupps helfen in Katastrophenfällen wie Überschwemmungen, Erdbeben und den ausgedehnten Waldbränden, die Kalifornien in jedem Sommer heimsuchen. Die Mitarbeiter gelten als außergewöhnlich diszipliniert, hart arbeitend und einsatzfreudig. „Wir bringen den „Kids" bei, daß man ohne gute Arbeitsmoral nicht weit kommt", meint die Sprecherin. Deshalb werden CCC-Absolventen von vielen Betrieben in Kalifornien bevorzugt angestellt.

Seit der Gründung des Korps hat sich der Schwerpunkt der Arbeit etwas verlagert. Gouverneur Browns ursprüngliche Idee war es, Jugendliche an den Umweltschutz und an die Arbeit in der Natur heranzuführen. Mittlerweile erfüllt das CCC aber auch eine sozialpolitische Funktion. Die Arbeit im CCC ist zu einer Alternative für Jugendliche aus den Ghettobezirken der Großstädte geworden, in denen die Drogenkriminalität zum alltäglichen Ereignis geworden ist. Wegen des Erfolges gibt es inzwischen mehr als 40 andere Programme für Jugendliche in Amerika, die nach dem Vorbild des CCC aufgebaut sind. Kürzlich vereinbarte das CCC mit dem australischen Bundesstaat Victoria ein Austauschprogramm. Die Kalifornier sollen in Südaustralien ein ähnliches Programm aufbauen.

Doch an den Erfolg des CCC-Programms denken David Karplus und seine Mitarbeiter an diesem verhagelten Nachmittag überhaupt nicht. Sie haben vor wenigen Stunden die letzte Schraube an der Hängebrücke angezogen. Die knapp ein Meter breite Lauffläche schwankt trotzdem noch bei jedem Schritt wie eine aus Lianen geknüpfte Hängebrücke im malayischen Urwald. Das müsse so sein, erklärt Karplus, denn der Wind und allzu rabiate Wanderer könnten eine zu starre Brücke leicht aus den Angeln heben. Am Abend, als der Halbmond über dem Mount Clarence King steht und das Lagerfeuer wieder kräftig brennt, wird die Fertigstellung der Brücke gefeiert. Im Proviant, den die letzten Maultierkarawane brachte, befand sich auch eine Flasche Brandy, die jetzt – verdünnt mit heißem Tee – gerecht unter Brückenbauern und Gästen aufgeteilt wird. Viel Schnaps bleibt da nicht für jeden, doch Alkohol gehört auch nicht zur Tradition im CCC.

V

Als sei ihr „Golden State“ nicht groß und vielseitig genug – zur Entspannung besuchen viele Kalifornier Nevada, den Nachbarstaat im Osten. Sie fahren ins Spielerparadies Las Vegas oder auf die einsamste Landstraße Amerikas. Daß im „Silver State“ auch gelegentlich Atombomben getestet werden, scheint niemanden zu stören.

Einarmige Banditen und kleine Fische

Als sich mehr als 25000 Besucher zur Eröffnung ins neue Hotel „Excalibur“ in Las Vegas drängten, dachten wohl die wenigsten von ihnen an einen Schwarm kleiner, bläulich schimmernder Fische, die im „Teufelsloch“, gut 150 Kilometer weiter nördlich, schwammen. Unter den Zinnen dieser zum Superhotel ausgebauten schlechten Neuschwanstein-Imitation feierte das Spielerparadies den eigenen, immer mehr Touristen anziehenden Erfolg. Die im Jahre 1976 vom obersten Gerichtshof in Washington geschützten Fische der Spezies „Cyprinodon diabolis wales“ könnten jedoch dem wirtschaftlichen Boom im Süden Nevadas ein Ende setzen. Denn Touristen, Spieler und die Fische brauchen etwas zum Überleben, das in der Wüste äußerst knapp ist – Wasser.

Wer mit dem Flugzeug von Südosten kommend nach Las Vegas einfliegt, wird es kaum für möglich halten, daß es der Spielerstadt an Wasser mangelt. Blau und unerschöpflich windet sich der vom Colorado gespeiste Lake Mead aus den rotbraunen Felsformationen des Grand Canyon in die braungelbe Mojave-Wüste. Nach dem „Colorado River Compact“ des Jahres 1922, einem die Nutzung des Colorado-Wassers regelnden Abkommen zwischen Amerika und

Mexiko, stehen Nevada jedoch lediglich zwei Prozent des Wassers zu. Das sind jährlich 370 Millionen Kubikmeter. Davon flossen im Jahre 1988 allein 300 Millionen Kubikmeter in den Großraum Las Vegas. Pro Tag, so weist die Statistik aus, verbraucht jeder Bewohner dieser Region im Durchschnitt 1360 Liter Wasser.

Den 250 000 Einwohnern von Las Vegas ist diese Verschwendung allerdings nicht allein vorzuwerfen. In der Stadt selbst und entlang des zum Landkreis Clark gehörden „Strip“ gibt es mehr als 75 000 Hotelzimmer. Das 290 Millionen Dollar teure Excalibur allein verfügt über 4032 Zimmer und ist damit angeblich das größte Hotel der Welt. Es folgen das „Flamingo Hilton“ mit 3550 und das elegante „Mirage“ mit 3200 Zimmern. In neun weiteren Hotels stehen den Gästen jeweils mehr als 1000 Zimmer offen. Jährlich übernachten insgesamt etwa 18 Millionen Menschen darin. Das Sparen von Wasser scheint bei keinem der Besucher ganz oben auf der Prioritätenliste zu stehen. Pro Monat fließen nämlich etwa 80 Millionen Liter Wasser durch die Leitungen jedes der großen Hotels. Und die Verbrauchstendenz ist steigend.

Die Zahl der nach Süd-Nevada kommenden Touristen hat nämlich in den vergangenen Jahren stetig zugenommen. Den Managern der großen Hotelkasinos ist es gelungen, das anrüchige Image ihrer Stadt aufzupolieren. Las Vegas ist heute nicht mehr das Paradies lasziver Unterhaltung, in dessen dunklen Spielhöllen zu gut gekleidete Männer in Begleitung von kaum bekleideten Damen Tausende von Dollars über die Spieltische schieben. Las Vegas stellt sich heute als Urlaubsstadt für die ganze Familie dar. Am Sahara-Hotel gibt es einen großen Wasserpark, Circus-Circus bietet Zirkusakrobatik und das neue Excalibur ist wie ein großes Disneyland, dem lediglich ein Spielkasino angeschlossen ist. Vor dem Mirage faucht allnächtlich ein künstlicher Vulkan so stark, daß Schaulustige den Verkehr auf dem „Strip“ regelmäßig zum Erliegen bringen.

Der veränderte Geschmack der Besucher spiegelt sich auch in der Statistik der Glückspiele wider. Im Jahre 1978 erzielte die Kasinoindustrie noch 65 Prozent ihres Umsatzes mit teuren Glückspielen wie Bakkarat und Roulette. Mittlerweile stammt nur noch 40 Prozent des Umsatzes von den „Big Spenders" an den Spieltischen. Der größte Umsatz wird jetzt mit den „einarmigen Banditen" erzielt, den vergleichsweise harmlosen Spielautomaten. Insgesamt wechselten bei Glückspielen im Jahre 1988 in allen Kasinos in Nevada 4,2 Milliarden Dollar den Besitzer, eine Steigerung von fast acht Prozent gegenüber dem Vorjahr.

Im Gegensatz zu den stagnierenden Besucherzahlen im Spielerort der Ostküste, dem Badeort Atlantic City im Bundesstaat New Jersey, zieht es Jahr für Jahr mehr Spieler-Touristen nach Las Vegas. Weil in Las Vegas jedes neue Hotel neue Gäste anzuziehen scheint, befürchtet dagegen niemand, das zur Circus-Cirus-Gruppe gehörende Excalibur könnte dem Stammhaus Gäste abspenstig machen. Das exquisite Mirage ist zwar an jedem Wochenende ausgebucht. Doch auch im Mutterhaus, dem Golden Nuggett, sind zur gleichen Zeit nur noch wenige Zimmer frei.

Nicht nur der Touristenboom zehrt an den Wasservorräten Nevadas. Der „Silver State" erlebt gleichzeitig ein einzigartiges Bevölkerungswachstum. Innerhalb der letzten 30 Jahre hat sich die Zahl der Einwohner auf 1,1 Millionen vervierfacht. Monatlich melden sich allein im Großraum Las Vegas 4000 Neubürger an. Als am schnellsten wachsender Bundesstaat Amerikas hofft man, daß zur Jahrtausendwende mehr als zwei Millionen Menschen in Nevada wohnen werden. Stolz erklärte Gouverneur Bob Miller kürzlich, daß die Zahl der Arbeitsplätze in den vergangenen 20 Jahren jährlich um sieben Prozent gestiegen sei. Vielen High-Tech-Unternehmen ist es in den Großräumen Los Angeles und San Francisco zu teuer. Sie weichen lieber nach Nevada, vor allem nach Las Vegas oder Reno aus. Und mit jedem neuen Zusiedler steigt der Bedarf an Wasser.

Noch reichen die Vorräte. Aber wenn der Großraum Las Vegas so weiter wächst, läßt sich der steigende Bedarf allein aus dem Colorado nicht mehr decken. Zwar haben die mit der Wasserversorgung befaßten Behörden kürzlich neue Preise festgelegt. Die neuen Raten sollen den einzelnen Kunden zum Sparen veranlassen. Doch selbst Optimisten glauben, daß man damit nur der ärgsten Verschwendung begegnen kann. Viel lieber würde man neue Wasserquellen erschließen, denn unter dem gesamten Süden Nevadas, vom Great-Basin-Nationalpark an der Grenze zu Utah, unter dem Atomtestgelände im Landkreis Nye bis zum Tal des Todes sind mehr als eine Milliarde Kubikmeter Wasser im Karbonatgestein des Amargosa-Aquifers gespeichert. Las Vegas und die Wasserbehörden des Landkreises Clark möchten diesen Aquifer anbohren. Wasser daraus soll in einem fast 200 Kilometer langen, mehr als 1,5 Milliarden Dollar teuren Aquädukt ins Spielerparadies gepumpt werden.

Die Nachbar-Landkreise protestieren jedoch heftig gegen diesen Plan. Als wichtigstes Argument bedienen sich die Gegner der Fische der Gattung Cyprinodon, die es außer in den zum Naturpark „Death Valley" gehörenden Wasserlöchern nirgendwo sonst auf der Welt gibt. Bei den Wasserlöchern handelt es sich um artesische Quellen, die aus dem Aquifer gespeist werden.

Die Landschaft über dem unterirdischen Wasserreservoir war im Pleistozän vor mehr als 100 000 Jahren noch ein großer Binnensee. Sein Wasser versickerte und verdampfte langsam. Zunächst blieben kleinere Seen übrig, die nicht mehr miteinander in Verbindung standen. Die Erwärmung nach der jüngsten Eiszeit machte schließlich aus dem Gebiet eine Wüste. Lediglich in den Wasserlöchern, so auch im „Devils Hole", überlebten einige Exemplare der urprünglich den gesamten See bevölkernden Fischart.

Schon einmal, Anfang der 70er Jahre, wollte man den einzigartigen Fischen das Wasser abgraben. Farmer hatten im

Amargosa-Tal die Wasserechte erworben und begannen ihr Land aus dem Aquifer zu bewässern. Parkranger stellten fest, daß der Wasserspiegel in den Wasserlöchern erheblich zu sinken begann. Da der Lebensraum der eiszeitlichen Kreaturen bedroht war, erwirkten sie eine einstweilige Verfügung. Der Fall wurde im Jahre 1976 endgültig vom Supreme Court entschieden. Die Fische ständen unter besonderem Schutz, entschied das Gericht. Daher könne kein weiteres Wasser entnommen werden. Seitdem steht das Wasser wie in den vergangenen Jahrtausenden ungenutzt im Amargosa-Aquifer.

Wenn schon die relativ geringe Wasserentnahme der Landwirte zu einer Senkung des Wasserspiegels in den Höhlen führte, so argumentieren die Gegner des Plans, wird das Wasser endgültig aus den Wasserlöchern verschwinden, wenn das flüssige Naß erst einmal zum Spielerparadies gepumpt wird. Das wäre das Ende der einzigartigen Wüstenfische. Der Gast in den Kasinos von Las Vegas merkt allerdings nichts von den sich zusammenbrauenden Wasserproblemen. In den Hotelzimmern jedenfalls bittet kein Hinweis den Gast ums Wassersparen. Aus den Duschen schießt der Strahl mit hohem Druck. Welcher Spieler will auch schon mit den Problemen in den Wasserlöchern im Tal des Todes konfrontiert werden? Denn für den richtigen „High Roller" sind die Cyprinodon ohnehin nur kleine Fische.

Ohne Atomversuche arbeitslos?

Einige Spielautomaten rattern zwar noch, doch nur vereinzelt klimpern Dollarmünzen in die Metallbecher. Die Gesichter der wenigen Pokerspieler, die an den Spieltischen ausharren, sind aschfahl. Die Unermüdlichen hoffen noch immer auf einen Royal Flush und setzen ihr letztes Geld. Die Serviererin im superkurzen Minirock hat schon seit Stunden nicht mehr gelächelt. Sie gähnt, als sie einen Drink serviert. Es ist morgens um halb fünf in Las Vegas. Um diese Uhrzeit sind die Shows in den Kasinos schon längst zu Ende. Die Stadt, die laut Werbeprospekt nie zu Bett geht, schläft allmählich ein. Im Osten schimmert über Arizona der Himmel schon im ersten Morgenrot.

Die einzigen Autos, die jetzt noch durch die Stadt fahren, sind Fernlaster auf der Autobahn in Richtung Los Angeles. Müllmänner entleeren die überquellenden Container an den Hintereingängen der Nobelhotels am „Strip". Doch auf der Bundesstraße 95 fahren Autobusse und Personenwagen in endloser Kolonne aus der Stadt in Richtung Norden. Diese Lichterkette in der Wüste hat etwas geradezu Mystisches. Man könnte sie für einen Exodus aus dem stickigen Sündenbabel in die klare, morgendliche Wüstenluft halten. Das sind aber keine Zocker, die hier Las Vegas in der Morgendämmerung verlassen. „Wir sind nach der Unterhaltungsindustrie der größte Arbeitgeber in Las Vegas", erklärt Barbara Yoerg vom Energieministerium.

Gut 100 Kilometer weit bewegt sich der Auto-Lindwurm jeden Morgen über die gutausgebaute Straße. Irgendwo kurz hinter dem Dorf Indian Springs geht es plötzlich rechts ab, herunter in eine Senke in der Wüste. Am tiefsten Punkt stehen Wachtürme. Stacheldraht und Schranken versperren den Weg. „Willkommen auf der Nevada-Test-Site", sagt der Wachmann und verlangt die Ausweise und Zugangskarten zur Kontrolle. Der Besucher zuckt, als der Wachmann dabei mit der rechten Hand sanft über den Knauf seines im Gürtelhalfter steckenden Trommelrevolvers streicht. Doch die Ausweise sind okay, er wünscht Gute Fahrt.

Die Nevada-Test-Site (NTS) ist ein verdorrtes Wüstengelände, gut dreißig Prozent größer als das Saarland. Auf ihm werden amerikanische und britische Kernwaffen getestet. Am 27. Januar 1951 detonierte hier der erste nukleare Sprengsatz. Ein B-47-Bomber warf damals eine Atombombe über der Frenchman-Flat ab, einer gnadenlosen Einöde, in der im Sommer das Thermometer leicht auf über fünfzig Grad klettert. Jetzt am Morgen wirft die tiefstehende Sonne lange Schatten in kreisrunde Krater im Wüstenboden der benachbarten Yucca-Flat. Diese Ebene könnte man auf Luftaufnahmen leicht mit einer Mondlandschaft verwechseln – wenn die Krater nur nicht so regelmäßig angeordnet wären. Sie liegen oft in Vierergruppen zusammen, manche folgen schnurgeraden Linien.

Unter jedem dieser fast 200 Krater ist einmal ein Kernsprengsatz explodiert. Seit 1951 gingen auf dem Testgelände nach offiziellen Angaben über 800 Bomben hoch. Die meisten Atomversuche hatten eigentümlich Decknamen. Der Sprengsatz „Mission Ghost" wurde beispielsweise in einem Tunnel unter der Rainier-Mesa gezündet – gerade so als wolle man den von jedem Bergmann gefürchteten „Berggeist" aus seinem Schlaf wecken. Andere Kernwaffen, die in 300 Meter tiefen Bohrlöcher in der Ebene der Yuccas detonierten, gehörten zur sogenannten „Käseserie", Atomtests, die Wissenschaftler des Lawrence-Livermore-Laboratoriums geplant hatten. Diese Forschungseinrichtung östlich von San Francisco ist eines der zwei Labors in Amerika, in denen Kernwaffen entwickelt werden. Die zweite Einrichtung steht in Los Alamos im Bundesstaat Neu-Mexiko. Die Decknamen für jede Testserie werden stets von den Labors vorgeschlagen. Die Idee mit dem Käse stammt aus Livermore. Begleiterin Barbara Yoerg kommentiert: „Zu jedem Versuch brachte der Testdirektor für das Personal Kostproben der jeweiligen Käsesorte mit." Einmal gab es Brie, davor wurden auch schon Camembert, Roquefort, Cheddar und Hüttenkäse gereicht. Es wäre doch schön, wenn man den Atomversuchen Decknamen von Weingütern oder Biersorten gäbe, scherzt der Fahrer und denkt dabei schon an die Kostproben.

Doch längst nicht jeder der 11 000 Beschäftigten auf dem Versuchsgelände und in den dazugehörenden Verwaltungsbüros in Las Vegas hat Grund, über die Atomversuche zu scherzen. Vor allem während des 19 Monate langen Moratoriums der Sowjetunion zwischen August 1985 und Februar 1987 hatte NTS-Manager Thomas Clark genug Sorgen. Da sich Washington diesem zeitweiligen Teststopp nicht anschloß, blockierten häufig Demonstranten die Zufahrt zum Testgelände. Polizisten und die dem Energieministerium unterstehenden Wachmänner mußten Sitzblockierer wegtragen, einige wurden vorübergehend festgenommen. Unter ihnen war auch Carl Sagan, im Hauptberuf Astronom an der Cornell-Universität, nebenbei populärer Fernsehprofessor. Ein Ende aller Atomversuche, so Sagan, sei der erste Schritt zur Beendigung des Wettrüstens, weil ohne Atomversuche die Weiterentwicklung von Kernwaffen stagnieren würde. Da sich Washington damals unter Präsident Reagan jedoch von solchen Argumenten nicht beeindrucken ließ, wurde in Nevada protestiert.

Clark erwog ernsthaft das Testgelände mit einem mehrere hundert Kilometer langen Zaun komplett einzuzäunen. Doch auch das hätte wagemutige Atomtestgegner wie die Anhänger der Umweltschutzgruppe Greenpeace kaum davon abgehalten, sich nachts vor einem Atomversuch auf das Gelände zu schleichen und ihn so zu verzögern. Die Wachmänner können das unzugängliche Wüstengelände, in dem die Nächte noch richtig schwarz sind, selbst mit ihren schnellen Geländewagen nicht vollständig kontrollieren. Einige Pfadfinder-Kenntnisse genügen, um für Stunden selbst in der Ebene der Yuccas unentdeckt zu bleiben.

Es sind aber nicht nur politische Gründe, warum viele NTS-Beschäftigte die Demonstranten lieber nicht vor dem Tor sähen. Die meisten Arbeiter sind gut ausgebildet und spezialisiert. Die Stollen werden von Bergleuten in das relativ weiche Tuffgestein der Rainier-Mesa getrieben. Schlosser und Elektriker verlegen darin Rohr- und Stromleitungen. Schweißer und Dreher arbeiten in den einzelnen Kavernen. Projektleiter Laurence Ashbaugh führt den Besucher in den sogenannten P-Tunnel, der für den nächsten Effekttest hergerichtet wird. Mit diesen Versuchen will die Defense Nuclear Agency, ein Arm des Pentagon, die Wirkung einer Kernwaffenexplosion auf militärisches Gerät untersuchen. Bei solchen Tests wurden schon ganze Satelliten dem Bombardement von Strahlung und Hitze einer Atomexplosion ausgesetzt. Zwei schwarze Arbeiter schweißen am „Zero Point“ einen Flansch an einen Edelstahlkanister. In diesem Kanister, so Ashbaugh, werde später die Kernwaffe gezündet. Die Strahlung gelange anschließend durch ein mehrere hundert Meter langes Vakuumrohr in die verschiedenen Testkammern.

Die Schweißnähte, die die beiden ziehen, sind exakt, von Klunkern keine Spur. Ashbough: „Unsere Leute sind hervorragend. Wir können uns keine Fehler erlauben, denn ein solcher Effekttest kostet bis zu 100 Millionen Dollar.“ Die in Amerika völlig anders als in Deutschland organisierten Gewerkschaften beherrschen das Testgelände völlig. NTS ist nämlich „unionized“, es kann also niemand angestellt werden, der nicht Gewerkschaftsmitglied ist. Es mutet schon seltsam an, daß die häufig nicht sehr starken amerikanischen Gewerkschaften und das Energieministerium auf dem Atomtestgelände an einem Strang ziehen. Sonst sind sich die Regierungen und die organisierte Arbeitnehmerschaft in Amerika nicht immer wohl gesonnen. Doch solange in Nevada Atomwaffen getestet werden, sind die gut bezahlten Arbeitsplätze in der Wüste sicher. Ohne NTS gäbe es nämlich für die hochqualifizierten Handwerker in diesem Bundesstaat, in dem das Glückspiel und der Tourismus die Haupteinnahmequellen sind, keine Jobs.

Während Ronald Reagan in Washington regierte, brauchte niemand zu fürchten, Amerika würde ein Teststoppabkommen unterzeichnen und damit die Arbeitsplätze in der Wüste Nevada gefährden. Denn im Gegensatz zu Professor Sagan glaubte die Regierung damals, daß die Strategie der nuklearen Abschreckung nur dann funktioniere, wenn sich Streitkräfte und Politiker absolut sicher sein können, daß die in den Arsenalen aufbewahrten Kernwaffen auch wie geplant funktionieren, sollten sie zum Einsatz kommen. „Wir Kernwaffendesigner", so der am Livermore-Labor für sämtliche Kernwaffenversuche zuständige Abteilungsleiter George Miller, „können das aber nur garantieren, wenn wir die Waffen testen."

Dieses Argument, so umstritten es schon zu Zeiten des Kalten Krieges war, wurde mit dem politischen Zusammenbruch der Sowjetunion endgültig hinfällig. Dennoch war auch Präsident Bush zunächst nicht bereit, einem vollständigen Teststoppabkommen zuzustimmen. Wahltaktische Überlegungen und die seltsamen Blüten, die das amerikanische Gesetzgebungsverfahren gelegentlich treibt, veranlaßten ihn im Herbst 1992 schließlich dazu, seine Meinung zu ändern. Die Absonderlichkeiten bei der Gesetzgebung treten vor allem zum Sommerende auf, wenn der Kongreß über den Etat für das jeweils am 1. Oktober beginnende neue Haushaltsjahr zu entscheiden hat. Immer wieder gelingt es dabei diesem Senator oder jenem Mitglied des Repräsentantenhauses die Finanzierung seines persönlichen Lieblingsprojektes zu sichern. Er muß nur dafür sorgen, daß es als Zusatz in einem der größeren, in der Regel völlig unumstrittenen Etatgesetze aufgenommen wird. Gefällt dem Präsidenten, durch dessen Unterschrift Entscheidungen des Kongresses erst Gesetzeskraft erlangen, ein solcher Zusatz nicht, kann er ihn entweder hinnehmen oder sein Veto einlegen. Mit dem Veto kommt aber dann das gesamte Gesetz, und nicht nur der Zusatz, zu Fall. Ein taktisch geschickt operierender Kongreß kann den Präsidenten auf diese Weise leicht in eine Zwickmühle bringen. Genau das geschah im Herbst 1992 mit Hilfe des Gesetzes über den Etat des Energieministeriums.

Diese Behörde ist nicht nur für die Kernforschung, die Herstellung aller amerikanischen Atomwaffen und die Atomversuche zuständig. Sie finanziert auch alle großen Projekte der Hochenergiephysik, beispielsweise die Teilchenbeschleuniger am Fermilab in Chicago oder am Lawrence-Berkeley-Labor in Kalifornien. Präsident Bush lag schon seit Jahren ein Beschleunigerprojekt besonders am Herzen. Nahe dem Dorf Waxahachie in seiner Wahlheimat Texas soll nämlich der größte Beschleuniger aller Zeiten gebaut werden, der 80 Kilometer lange „Superconducting-Super-Collider" (SSC). Im Etat des Energieministeriums für das Jahr 1993 sollten 517 Millionen Dollar für den SSC bereitstehen. Der Präsident war froh darüber, denn schließlich stünden, so Bush, Amerikas wissenschaftliche Zukunft und 7000 Arbeitsplätze auf dem Spiel.

Senat und Repräsentantenhaus waren sich aber über eine andere Aufgabe des Energieministeriums völlig einig. Die beiden Kammern wollten nämlich die Atomwaffenversuche erheblich einschränken. Ab dem Jahre 1997 sollte es sogar überhaupt keine Atomtests mehr geben. Der Präsident drohte aber damit, sein Veto einzulegen, falls der Kongreß ein solches Teststoppgesetz verabschieden würde. Daraufhin koppelte der Senat kurzerhand das Gesetz über ein Moratorium der Atomversuche mit dem Etat für das Energieministerium. Ein Veto des Präsidenten hätte dann nämlich nicht nur den Teststopp, sondern gleichzeitig auch den SSC zu Fall gebracht. Ein solches Risiko, so schätzten die Parlamentarier richtig ein, wolle Bush nicht eingehen. Zähneknirschend unterschrieb der Präsident das Gesetz. Der jahrelang umstrittene Teststopp wurde damit gleichsam durch die Hintertür eingeführt.

Trotzdem rechnet man damit, daß auf lange Sicht die meisten Arbeitsplätze auf dem Testgelände erhalten bleiben. An deren Westrand, am Yucca-Mountain, soll nämlich ein Endlager für hochaktiven Strahlenmüll entstehen. Für dieses Projekt werden die im Umgang mit Radioaktivität erfahrenen Angestellten des Testgeländes benötigt. Der Auto-Lindwurm wird somit wohl noch für einige Jahre jeden Morgen von Las Vegas aus durch die Wüste kriechen.

Euklidisches in Nevada

Hätte Euklid 2300 Jahre später gelebt, wäre ihm mancher Ärger erspart geblieben. Sein Axiom über die Parallelität von Geraden war schließlich Jahrhunderte lang umstritten. Doch heute, gut 10000 Kilometer von seiner griechischen Heimat entfernt, hätten Euklid und seine Kritiker mit eigenen Augen sehen können, daß sich zwei parallele Geraden tatsächlich erst im Unendlichen schneiden – wenn überhaupt. Gewiß, die Entfernung von 30 amerikanischen Meilen bringt uns der Unendlichkeit nur ein kleines Stückchen näher. Doch die Straßenbauer in Nevada müssen das Konzept der Parallelität auf besondere Weise verinnerlicht haben – sonst hätten sie nicht so viele Straßen im „Silver State“ so schnurgerade gebaut. Und wo man ein solches Betonband 30 Meilen weit verfolgen kann, verschwimmen am Horizont die beiden parallelen Linien des Straßenrandes zu einem einzigen Strich – was Euklids Axiom zwar nicht beweist, aber wenigstens verständlich macht.

Die Natur in Nevada läßt diese Gedankenspiele zwischen Mathematik und Straßenbau überhaupt erst zu. Der östliche Nachbarstaat Kaliforniens gehört zur geologischen Provinz der „Basin and Range“. In einer nicht enden wollenden Folge wechseln sich hier die Gebirgszüge mit den Tälern ab. Bergrücken und Talsohlen erstrecken sich ausnahmslos in Nord-Süd-Richtung. Basin and Range, das ist gefaltete und eingebrochene Erdkruste, zerquetscht zwischen der mächtigen Sierra Nevada im Westen und den alpinen Rocky Mountains im Osten. Allein in Nevada zählen die Geologen 236 Bergrücken (Ranges) mit den dazugehörigen Tälern (Basins). Landvermesser und Straßenbauer können in so einer Gegend, die zudem noch beinahe menschenleer ist, nur nach einer Maxime handeln, nämlich daß die kürzeste Verbindung zwischen zwei Punkten eine Gerade ist. Die resultierenden Asphaltrouten, wie der Highway 50, sind deshalb wie riesige Berg- und Talbahnen auf dem Rummelplatz – jedoch ohne Rummel und ohne Kurven.

Vor einigen Jahren von einem übereifrigen Angestellten des amerikanischen Automobilclubs als „einsamste Straße Amerikas" bezeichnet, ist der Highway 50 heute eine der Touristenattraktionen Nevadas. Zudem ist es eine, die zeigt, daß Nevada nicht nur aus Spielcasinos, Pokertischen und legalisierter Prostitution besteht, wie es uns in Las Vegas, Reno und Lake Tahoe immer weiß gemacht wird. Über 500 Kilometer lang zieht sich die Route 50 von der Staatshauptstadt Carson City im Westen fast schnurgerade nach Osten zum jüngsten amerikanischen Nationalpark „Great Basin", hart an der Grenze zu Utah. Im 400 Kilometer langen Zentralstück gibt es genau vier Dörfer: Fellon, Austin, Eureka und Ely. Doch obwohl die staatliche Tourismuskommission und örtliche Handelskammern die Fahrt auf der einsamen Straße eifrig als Abenteuer anpreisen, gibt es keine Verkehrsstaus auf dem Highway. Die mittlere Verkehrsdichte beträgt vielleicht ein halbes Dutzend Autos pro Stunde.

Mike Brown ist dienstlich viel auf dem Highway 50 unterwegs. Als Streifenbeamter der Nevada Highway Patrol fährt er in manchen Monaten mehr als 6000 Kilometer auf den Straßen im Osten Nevadas. Zu seinem Revier gehören fast 800 Kilometer Landstraßen rund um Ely (sprich Ihlie), einer Stadt mit Kupfer- und Goldminen, der größten Ansiedlung weit und breit. Trotz der strengen Geschwindigkeitsbegrenzungen von 90 Kilometern pro Stunde gibt Brown selten Strafmandate wegen Raserei. Wenn er jemanden schnell fahrend erwischt, dann wird der Fahrer ermahnt und muß zehn Dollar Bußgeld wegen „Verschwendung natürlicher Rohstoffe" – sprich Benzin – bezahlen. Die Geschwindigkeitsbegrenzung würde ohnehin niemand einhalten, meint Brown, und überwachen ließe sie sich doch nicht.

Doch zum Rasen verführt das lange Betonband nur auf den ersten Kilometern. Dann erhält der Fahrer allmählich ein Gefühl für die Weite und – Euklid verzeihe den Ausdruck – die Unendlichkeit dieser einmaligen Landschaft. Sie verführt eher zu entspanntem Dahingleiten als zum bleifüßigen Schnellfahren. Zuerst ergreifen die großen Dinge die Aufmerksamkeit. Hätten die antik-griechischen Naturphilosophen nicht bereits am Fuße des Olymp das Prinzip der schiefen Ebene vor Augen gehabt, hier in der ariden Landschaft Nevadas könnten sie es finden. Langsam, aber stetig geht es hinter Fellon den ersten Gebirgszug, die Sand Spring Range, hinauf. Der Kartograph muß sich wohl geirrt haben, hier in dieser öden Wüstenei einen Marinefliegerhorst in die Karte zu malen. Doch ein gelegentliches Dröhnen von Jettriebwerken unterbricht die Stille. Rot und weiß gestrichene Wassertürme am Horizont ziehen den Blick in dieser sonst konturlosen Landschaft magisch an.

Spätestens auf dem Kamm des Gebirgszuges wird sich die Einstellung des Reisenden zu dieser Landschaft ändern. Der Blick in das nächste Tal, Fairview Valley, und auf den nächsten Gebirgszug, die Desato Mountains, ist gewaltig. Weiß schimmert ein Salzsee in diesem abflußlosen Tal, weiß auch die Spitzen der Berge. Dazwischen graue Sedimente, rötlich braune Berge und das dunkle Grün der wenigen Krüppelkiefern und Salbeibüsche. Beinahe ein dutzendmal wird sich dieses Bild auf den folgenden 400 Kilometern wiederholen. Wie mit einem Lineal gezogen liegen die Gebirgsrücken und Täler parallel nebeneinander. Die Straße durchquert jedes einzelne Paar von Ost nach West.

Auf der geraden Straße beschleunigt allein die Schwerkraft das Auto im Leerlauf von der Paßhöhe aus auf 140 Kilometer pro Stunde. Nach zehn Kilometern, dort wo der schwarze Asphalt im Tal den weißen Salzsee schneidet, rollt es langsam aus. Zur Rechten üben die Marineflieger Bombenabwürfe, zur Linken geht ein Feldweg zur Frenchman Ranch. Glaubt man dem Wegweiser, ist die Entfernung dorthin 72 Kilometer. Im Schatten eines Busches sitzend, beobachtet ein Fernfahrer mit einem Fernglas die Tiefflugübungen der Piloten. Er habe während des Vietnamkrieges auf einem Flugzeugträger gedient, erklärt er. Immer wenn er irgendwo die Kampfflugzeuge sehe, würde er seinen Lastzug anhalten und zuschauen.

In den Desato Mountains weist ein Wegweiser die wenigen Touristen nach Süden zu „frischen“ Erdbebenverwerfungen. Im Jahre 1983 erinnerte ein mittelschweres Beben die wenigen Bewohner und Touristen in Nevada daran, daß die Basin und Range-Provinz eine tektonisch aktive Region ist. An einem Berghang kann auch der Laie die zwei – wiederum parallelen – Verwerfungslinien ausmachen, an denen sich die tektonische Spannung entlud. Entlang dieser Linien ist die hangabwärts gerichtete Erdscholle jeweils um über zwei Meter abgerutscht – ein lebendiger Beweis dafür, wie die tiefen, weiten Täler dieser Region entstanden sind. Die Bergzüge sind dagegen ohne Ausnahme vulkanischen Ursprungs.

Erst in den letzten Jahren haben die Geologen eine Erklärung dafür gefunden, wie dieser bis zu 500 Kilometer breite Gürtel, in dem sich Bergrücken und Täler abwechseln, entstanden ist. Seit mindestens 200 Millionen Jahren schwimmt der amerikanische Kontinent als selbständige Platte der Erdkruste auf dem zähflüssigen Magmabrei des Erdmantels. Der Zusammenstoß mit der wesentlich größeren Pazifischen Platte gab dem amerikanischen Wilden Westen zwischen Denver und San Francisco sein Gesicht. Die Rocky Mountains wölbten sich auf, die Westküste Kaliforniens schabte die Tiefseesedimente des Pazifik wie ein Hobel zu den jetzigen Küstengebirgen ab. Doch unter der Oberfläche sorgte die unter Amerika abtauchende Pazifische Platte für Unruhe. Sie zog einen Teil der Erdkruste mit. Unter Nevada ist deshalb die sonst im Durchschnit 30 Kilometer dicke Kruste besonders dünn – und damit besonders unstabil. Bereits leichte Spannungen können zu Grabenbrüchen führen. Magma steigt aus dem Erdinnern auf und läßt ganze Bergzüge von vulkanischem Gestein entstehen.

Der Vulkanismus und die anschließende Verwitterung

der mineralreichen Gesteine machen Nevada zu einem Paradies für Geologen, Mineralogen, Gold- und andere Schatzsucher. Die Dörfer entlang Highway 50 wie Austin, Eureka und Ely leben alle von den Bergwerken, in denen heute noch Gold, Silber, Kupfer und seltene Metalle abgebaut werden. So war es auch im Jahre 1897 im Union Canyon, einem Tal in den Shoshone Mountains gut 80 Kilometer südlich von Austin. Als Prospektoren dort Silber fanden, brach ein regelrechter Boom aus. Ein Stollen wurde abgeteuft, und innerhalb von wenigen Monaten arbeiteten 300 Menschen in der Silbermine, die den Namen Berlin erhielt – vermutlich weil zwei Deutschstämmige zu den ersten Mineuren im Union Canyon gehörten. Dreizehn Jahre lang baute man dort Silber ab, bis die Mine nichts mehr hergab. Unterdessen hatte die kleine Gemeinde eine Schule gebaut, den Vorläufer eines heutigen Supermarktes und einen Saloon natürlich.

Heute steht Berlin – wegen des wenigen Regens und der noch geringeren Zahl von Vandalen – als gut erhaltene Geisterstadt unter der Obhut von Rangern. Ihre Aufgabe sei es, so sagen sie, die Geisterstadt so zu erhalten, wie sie jetzt ist. Berlin (Nevada) befindet sich im Zustand des unterbrochenen Verfalls. Noch fragiler als die zugigen Holzhütten von Berlin sind die Knochen der Ichthyosaurier, die Wissenschaftler in den 20er Jahren in Sedimenten aus der Kreidezeit in der Nähe der Silbermine fanden. Über zwanzig Skelette dieser Fischsaurier konnten bisher in dem Steinbruch gefunden werden. Paläontologen vermuten, Berlin sei vor 100 Millionen Jahren eine seichte Meeresbucht gewesen, in die sich die bis zu 40 Tonnen schweren und über 20 Meter langen Tiere verirrt hätten. Die Tiere seien an den Strand gespült worden und dann verendet. Der Steinbruch mitsamt den wertvollen Saurierknochen ist heute von einem überdachten Museum geschützt.

In Richtung Osten dominiert schon von weitem der Wheeler Peak die Landschaft. Nur 23 Meter trennen diesen höchsten Berg Nevadas von der Klasse der Viertausender. Vom Gipfel kann man fast ganz Nevada und Nordutah überblicken. Bei klarem Wetter erinnern nur die dünne Luft und ein kleiner Gletscher daran, daß man sich fast 4000 Meter hoch über dem Meer befindet. Wheeler Peak und Gletscher gehören zu den Besonderheiten des erst im Jahre 1987 eingeweihten „Great Basin Nationalpark", dem 49. Nationalpark Amerikas. Seine Abgelegenheit und das wüstenhafte Klima sorgen für geringe Besucherzahlen. Es kommen etwa 50 000 Menschen im Jahr. Die meisten von ihnen wollen die Lehman-Tropfsteinhöhlen besichtigen, die schon seit Jahren ein „National Monument" waren und nun zum Nationalpark gehören.

Der neue Park ist eingebettet in den dem Landwirtschaftsministerium unterstehenden Humboldt-Staatsforst. In solchen Staatsforsten ist Land- und Forstwirtschaft nach Absprache mit den Förstern erlaubt. Viele Farmer haben ihre Weiderechte behalten, nachdem das Gebiet zu einem Nationalpark umgewidmet wurde. Statt auf Berglöwen und Steinböcke trifft man bei Wanderungen im neuen Park auf Rinder, die stoisch von den Salbeibüschen grasen. Für viele Gebiete des Parks stehen außerdem noch die Schürfrechte aus. Wenn die Eigner wollten, hätten sie das Recht innerhalb der Parkgrenzen Bergwerke anzulegen. Doch im Moment führt der neue Nationalpark eine Art Schattendasein. Die Parkverwaltung in Denver ist noch immer dabei, Pläne zu erarbeiten, wie die Naturschönheiten den Besuchern am besten nahegebracht werden können. Im Gegensatz zu anderen Nationalparks sind die vorhandenen Wanderwege im Great Basin in einem schlechten Zustand.

Besonders lohnenswert ist eine Wanderung zu den Borstenkiefern an den Hängen des Wheeler Peak. Wie in den White Mountains im östlichen Kalifornien harren manche Bäume, von den starken Winden zerschunden und von der gleißenden Sonne ausgedörrt, bereits seit mehr als 3000 Jahren in dieser Einöde aus. Diese Bäume gelten als die ältesten lebenden Wesen auf der Erde. Als einer von ihnen für wissenschaftliche Zwecke gefällt wurde, erlebten die Forscher eine Überraschung. Sie zählten 4900 Jahresringe. Der Baum war also mehr als doppelt so alt wie Euklids Axiom über die Parallelen.

Seit dem Jahre 1958 stehen die Uralt-Kiefern in den White Mountains, am Wheeler Peak und ihre Verwandten in Arizona und Colorado unter Naturschutz. Damals hatte Edmund Schulmann, ein Biologe an der Universität von Arizona, die Jahresringe eines dieser Bäume bis zweieinhalb Jahrtausende vor Christi Geburt ausgezählt. Seit dem Jahre 1964 ist die gefällte Kiefer vom Wheeler Peak der Rekordhalter. Mittlerweile haben die Dendochronologen, die Hüter der Jahresringe, die Geschichte der Borstenkiefern bis ins Mesolithikum, also in die Mittelsteinzeit, zurückverfolgen können. Falls nämlich eine solche Kiefer tatsächlich einmal stirbt, bleibt ihr Holz in dem ariden Klima östlich der Sierra Nevada lange erhalten und verwittert nur langsam. Deshalb konnte man aus lebenden Bäumen und Totholz mittlerweile ein lückenloses Archiv von Jahresringen anlegen, das bis zum Jahre 6700 vor Christus zurückreicht.

VI

Silicon Valley – dieser Name ist synonym für Spitzentechnik. Hier wurde der Mikroprozessor und der Personal-Computer erfunden. Kalifornische Computerexperten haben aber auch zunehmend mit den Raubrittern des elektronischen Zeitalters zu kämpfen. Sie bringen diese „Hacker" ebenso zur Strecke, wie sie nach „Würmern" in ihren Rechenmaschinen fahnden. Kalifornien ist allerdings nicht nur das Mutterland der Halbleitertechnik. Mittlerweile sind auch die führenden Unternehmen der Gentechnik im „Golden State" zu Hause. Nach dem Ende des Kalten Krieges sucht das Waffenlabor in Livermore nach neuen Aufgaben. Daß High-Tech aber nicht immer das Leben vereinfacht, wird jeder feststellen, der einmal von einem öffentlichen Fernsprecher in Kalifornien telefoniert hat.

Circulus Silicosus

„Die Nase, Ihre Nase!" ruft mir Michael Rocke noch nach, bevor die schalldichte Glastür mit einem dumpfen Knall zuschlägt. Bruchteile einer Sekunde später hüllt mich ein aus Hunderten kleiner Düsen blasender Wind sanft und warm ein. In diesem Luftzug müsse ich mich wie unter der Dusche langsam mit erhobenen Armen drehen. Das hatte man mir vorher so oft eingebleut, daß ich es jetzt unwillkürlich tue. Hinter der Glastür zeigt Rocke unterdessen immer wieder beschwörend zunächst auf seine Nase und dann auf mich. Mit der gleichen Geste hatte mir meine Mutter während der Kindheit angedeutet, ich solle mir doch gefälligst die Nase schnaufen. Ich weiß zwar nicht genau, was Rocke will. Es ist mir jedoch klar, daß ich unter keinen Umständen mein Taschentuch hervorkramen darf, selbst wenn ich es unter dem enganliegenden Overall hervorziehen könnte. Der Staub, so hatte man mir gesagt, der Staub, das sei der schlimmste Feind. Und selbst aus dem saubersten Taschentuch staube es noch ungebührlich viel. Endlich ebbt der Luftstrom ab. Eine Glastür am anderen Ende der Schleuse öffnet sich. Einer von Rockes Mitarbeitern empfängt mich und rückt meinen Gesichtsschutz zurecht. Die Nase müsse stets bedeckt sein, belehrt er mich.

In dem fahlgelben Licht hinter der Luftschleuse arbeiten sechzig Menschen – nein, eigentlich kann man das so nicht sagen. Man sieht nämlich nur zweibeinige Wesen, die in identischen, staubdichten, weißen Overalls stecken. Man trägt Stiefel aus weißem Plastik, Handschuhe, Gesichtsmasken, Haarnetze, Bartnetze, Schutzbrillen. Manche tragen einen weißen Helm mit einem klaren Visier. Mehrere Schläuche führen aus dem Helm zu einer am Gürtel festgeschnallten Pumpe mit einem Filter. Als einzige Zeichen einer gewissen Individualität fallen unter den weißen Wesen zunächst nur die knallbunten Ausweise auf, die in staubdichten Klarsichthüllen in Brusthöhe von den Overalls baumeln. Erst nach Stunden lernt der Besucher in den Augen jener Techniker, Ingenieure und Wissenschaftler zu lesen, die in diesen keimfreien Räumen arbeiten. Hinter den klaren Schutzbrillen verborgen, sind die Augen das einzig sichtbar Menschliche in dieser von Computerschirmen, Anzeigentafeln, Robotern und Bedienungshebeln geprägten fensterlosen Umgebung.

Man befinde sich an einem der saubersten Plätze der Welt, bemerkt Rocke stolz. Ein Blick in die verschiedenen Arbeitsräume zeigt, daß der Begleiter nicht ganz unrecht haben kann. Alles ist blitzblank geputzt, kein Staubkorn ist zu sehen. Aber dennoch scheint der Superlativ vom saubersten Platz etwas übertrieben. „Keineswegs“, sagt ein Techniker, der mir wegen seiner kastanienbraunen Augen auffällt, „ein

Kubikfuß unserer Luft enthält nämlich höchstens ein einziges mikrometergroßes Staubkorn.“ Es muß eine amerikanische Eigenart sein, physikalische Größen in den unmöglichsten Kombinationen zu mischen. Ein Mikrometer ist ein tausendstel Millimeter, das weiß man noch aus der Schule. Etwa 35 Kubikfuß, so zeigt später der Taschenrechner an, passen in einen Kubikmeter. Die Luft in dieser „Fabrik 9.2“ – so heißt die Anlage hinter der Luftschleuse – enthält also knapp 35 Mikrostäube pro Kubikmeter. Ein Operationssaal in einem gewöhnlichen Krankenhaus sei etwa hundertmal staubiger, meint Rocke.

Von den Produkten, die in dieser staubfreien Fabrik im Silicon Valley entstehen, sieht der Besucher nur wenig. Sie sind in blauen Plastikkästen verborgen, die von einer unter der Decke fahrenden elektrischen Eisenbahn transportiert werden. Roboterarme entnehmen diesen Schachteln kleine Stapel silbriger Scheiben und stecken sie mal in diese Maschine, mal in eine andere. Einen einsichtigen, auch für den Laien verständlichen Produktionsablauf, wie man ihn zum Beispiel in einer Autofabrik sieht, scheint es in „Neun Punkt Zwo“ nicht zu geben. Überhaupt lassen das gelbliche Licht, das stetige Summen und Brummen der Klimaanlagen, die sich rastlos bewegenden Roboter und die uniform-keimfreien Arbeiter die gesamte Anlage surrealistisch erscheinen.

Andrew Grove holt den Besucher jedoch schnell in die Wirklichkeit zurück. In seinem die ungarische Heimat verratenden Stakkato-Englisch zieht er vom Leder. Die amerikanische Industrie sei dabei, ihre technische Führungsrolle zu verlieren. Die Japaner überschwemmten die Welt mit „technologischen Tsunamis“. Dabei würzt Grove seine Sprache gelegentlich mit Vulgärausdrücken, die man sonst nur selten in Vorstandsetagen großer Unternehmen zu hören bekommt. In seinem Büro im ersten Stock eines flachen Gebäudekomplexes in Santa Clara, der heimlichen Hauptstadt des Silicon Valley, deutet nur wenig darauf hin, daß Grove Chef von Intel ist, einer Aktiengesellschaft mit einem

Jahresumsatz von vier Milliarden Dollar. Er hat kein eigenes Zimmer, lediglich ein mit schulterhohen Stellwänden abgeteiltes „Cubicle“ in einem Großraumbüro. Auf einem Regal liegt eine verstaubte Violine, auf der schon lange nicht mehr gespielt wurde. Sie hat nur noch zwei Saiten. Im Regal stehen einige Dutzend Bücher. Es sind von Grove verfaßte Lehrbücher über Mikroelektronik und Management und ihre jeweiligen Übersetzungen in verschiedene Sprachen.

Auf Groves Schreibtisch schließlich bekommt der Besucher erstmals die Produkte aus „Fabrik 9.2“ zu Gesicht. Es sind goldschimmernde, gut einen Quadratzentimeter große Plättchen. Erst nach genauem Hinsehen lassen sich auf ihnen Streifen und Rechtecke erkennen. Unter der Lupe betrachtet, erinnern die Muster entfernt an die strenge Geometrie der Bilder von Victor Vasarely. Grove hat diese „Chips“ zusammen mit dem Firmenlogo in Acrylglas gießen lassen. Sie dienen jetzt als Schlüsselanhänger und sind Werbegeschenke für die Kunden des Unternehmens. Ob diese Chips unter Acryl denn tatsächlich funktionierten, will der Besucher wissen. „Natürlich nicht“, meint Groves. „wenn sie funktionierten, hätten wir sie doch verkauft.“ Bei den versiegelten Plättchen handele es sich um Ausschußware. Trotz aller Reinlichkeit in der Fabrik 9.2 haben sich auf ihnen Staubkörner abgelagert. „Verstaubt, rejected“, meint Grove und wirft einen der Anhänger achtlos in eine Schublade unter seinem Schreibtisch.

„Sie können mir glauben“, sagt er danach, „als wir vor 20 Jahren den ersten dieser Mikroprozessoren herstellten, hat keiner von uns vorausgesehen, was wir damit alles anstellen können.“ Daß diese unscheinbaren Scheibchen aus Silizium einmal aber Millionen Personalcomputer, die PC's, in aller Welt steuern würden, ahnte man nicht. Davon, daß ohne diese programmierbaren Mikroprozessoren heute weder Automobile noch Rauchgasentschwefelungsanlagen, weder Mikrowellenherde noch Stahlwerke laufen würden, wagten selbst deren Erfinder nicht zu träumen. Der „Mikroprotz“, wie der Computer auf dem Chip in Deutschland oft verhöhnt wurde, war ein Selbstläufer. Je mehr man erkannte, wozu diese kleinen Wunderwerke aus Silizium fähig waren, desto raffinierter wurden sie. Und je komplexer sie wurden, um so mehr ließ sich mit ihnen anstellen. Seit 20 Jahren dreht sich nunmehr dieser „circulus silicosus", langsam zunächst, dann immer schneller. Heute sind die Zentrifugalkräfte so groß, daß der Stolz Amerikas auf dem Spiel steht und darüber Handelskriege auszubrechen drohen.

Ebensowenig wie sein Erfolg war die Geburt des programmierbaren Mikroprozessors vorherzusehen. Am 1. September 1968, wenige Tage nach der Gründung von Intel, stellte der damalige Firmenchef Robert Noyce einen jungen Doktor der Informatik ein. Marcian E. Hoff, von seinen Freunden Ted genannt, wurde Manager der Abteilung für Angewandte Forschung, ein stolzer Titel, wenn man bedenkt, daß Intels Belegschaft damals nur aus zwölf Personen bestand. Trotz dieser bescheidenen Größe wurde dem Unternehmen eine große Zukunft vorhergesagt. Noyce hatte Intel gemeinsam mit Gordon Moore und Andrew Grove, zwei seiner Kollegen von Fairchild Semiconductor, gegründet. Fairchild gilt als die Wiege des Silicon Valley. Dort hatte Noyce Ende der 50er Jahre auch den integrierten Schaltkreis erfunden. Statt Transistoren einzeln auf Platinen zu verlöten, entdeckte er einen Weg, Dutzende von ihnen gleichzeitig auf einem Stück Silizium, dem berühmten „Chip", unterzubringen.

Hätte damals jemand vorgeschlagen, mit dieser Technik einmal selbständige Computer herzustellen, hätten ihn sogar die an Phantasie nicht armen Visionäre des jungen Silicon Valley für verrückt erklärt. Bei Intel wollten Moore, Noyce und Grove die integrierten Schaltkreise zu Datenspeichern weiterentwickeln. Mit ihnen konnte man die schweren, langsamen und relativ unzuverlässigen Ferritkerne ersetzen, in denen die damals üblichen Computer ihre berechneten Daten speicherten. Diese Datenspeicher aus Silizium heißen heute DRAM's, Dynamic Random Access Memories. Damals konnten sie 1000 Informationspakete speichern, heute sind DRAM's mit vier Millionen Speichereinheiten im Handel.

Die junge Chiptechnik ließ allerdings damals schon zu, die Transistoren bei der Herstellung der integrierten Schaltkreise so anzulegen, daß sie ganz bestimmte Funktionen erfüllten. Einfache arithmetische Berechnungsverfahren ließen sich auf diese Weise fest in einen Chip einprogrammieren. Der Nachteil war jedoch, daß jeder Chip nur eine einzige, vorher festgelegte Funktion erfüllen könnte. Einmal hergestellt, ließ sich daran nichts mehr ändern.

Im Jahre 1969 erhielt Ted Hoff den Auftrag, solche festprogrammierten Schaltkreise für das japanische Unternehmen Busicom zu entwickeln. Die Firma wollte daraus kleine Bürorechenmaschinen herstellen. Eine der Bedingungen war, daß jeder Schaltkreis mindestens 3000 Transistoren enthalten sollte. Etwa tausend Transistoren je Chip galten damals als Grenzen des Machbaren. Hoff erkannte schnell, daß dieses Projekt für das junge Unternehmen Intel viel zu groß war. Selbst mit einem Dutzend weiterer Ingenieure hätte er es nicht geschafft, die Schaltkreise zum vereinbarten Termin zu liefern. Statt dessen kam ihm eine andere, wie er glaubte bessere, Idee. Anstatt die Funktion eines integrierten Schaltkreises vor der Herstellung genau festzulegen, wählte Hoff ein Design, das ihm viele Anwendungsmöglichkeiten offenließ.

Das Programm, nach dem die 2300 Transistoren auf Hoffs Chip arbeiten sollten, wurde nicht mehr, wie bis dahin üblich, starr ins Silizium „gemeißelt". Der neue Chip ließ sich statt dessen extern programmieren. Heute konnte man mit ihm einen einfachen Dreisatz lösen. Morgen ließen sich mit ihm statistische Auswertungen vornehmen. Übermorgen hätte er die Zahl „Pi" auf 120 Stellen hinter dem Komma genau berechnen können. Die japanischen Auftraggeber hielten zunächst wenig vom Hoffschen Chip. Sie wollten

Rechenmaschinen fürs Büro in großen Stückzahlen herstellen und waren weder an Programmen noch an der Zahl Pi interessiert. Schließlich ließen sich die Vertreter von Busicom überzeugen und finanzierten die Entwicklung des Hoffschen Mikrocomputers.

Das japanische Unternehmen geriet jedoch bald in finanzielle Schwierigkeiten. Intel kaufte die Rechte an dem Mikrocomputer für 60 000 Dollar zurück. Hoff und sein Kollege Frederico Faggin gingen anschließend daran, erste Prototypen zu produzieren und zu testen. Im November 1971 stellte Intel schließlich den „Computer auf dem Chip" einem ungläubigen Publikum vor. Das Modell 4004 könne 45 verschiedene Funktionen ausführen, hieß es in einer Werbebroschüre. Gemeinsam mit drei weiteren Speicherchips und Registern verfügte der 4004 über die gleiche Rechenleistung wie der erste Röhrencomputer, der 30 Tonnen schwere Eniac aus dem Jahre 1946. Mit wenigen Kubikzentimetern Silizium, die man zum Preis von einigen hundert Dollar herstellte, konnte man nun das gleiche erreichen, wie elf Jahre zuvor mit einem 300 000 Dollar teuren, zimmergroßen Computer von IBM.

Damals, im Herbst 1971 begann ein neues Zeitalter, eine dritte industrielle Revolution, die zunächst allerdings von niemandem so richtig wahrgenommen wurde. Zu den ersten Kunden für den „Mikroprotz" gehörten die Hersteller von Ampelanlagen, Waagen und Taxiuhren – wahrlich keine Klientel, von der man annimmt, ihre Produkte würden einmal die Welt verändern. Ted Hoff meint heute, er und seine Ingenieurkollegen hätten damals zwar gespürt, etwas besonderes entwickelt zu haben. „Wir sahen viele industrielle Anwendungsmöglichkeiten für den Mikroprozessor, vor allem bei der Steuerung und Regelung von Maschinen", sagt er. Vom Personalcomputer habe man aber nicht einmal zu träumen gewagt.

Es dauerte dennoch nur drei Jahre, bis der erste PC vorgestellt wurde. Im Dezember 1974 berichtete die Zeitschrift

„Popular Electronics“ von einem Unternehmen in Neu-Mexiko, das den ersten dieser Heimcomputer entwickelt hatte. Aufbauend auf der zweiten Generation der Intel-Mikroprozessoren, einem Chip mit dem einfallslosen Namen 8080, hatte ein Mann namens Ed Roberts einen Computer gebaut, den Altair 8800. Da Roberts vom Elektronik-Basteln zur Computerei gekommen war, konnte man den Altair nur als Bausatz kaufen. Außerdem gab es noch keine Programme für das neue Gerät. Der eigentliche Vorteil der Hoffschen Chips, ihre Programmierbarkeit nämlich, konnten nur einige wenige Enthusiasten ausnutzen, Spezialisten, die den Altair in seiner eigenen Maschinensprache bedienen konnten.

An der Harvard-Universität im Bostoner Vorort Cambridge las damals auch der junge Informatik-Student William Gates über Roberts' Altair. Gemeinsam mit seinem Freund Paul Allen machte sich Gates daran, die Programmiersprache „Basic“ für den Altair aufzubereiten. In fast ununterbrochener Arbeit hatten es die beiden nach knapp 60 Tagen geschafft. Man rief Roberts an und arrangierte für den Februar 1975 ein Treffen in Neu-Mexiko. Allen speiste dort dem Altair die in Harvard entwickelten Basic-Befehle ein – wenige Minuten später spielte er das erste Videospiel, das je auf einem PC gespielt wurde, eine Simulation der Mondlandung nämlich. Paul Allen wurde von Roberts sofort als Software-Entwickler eingestellt, Gates folgte wenige Monate später.

Es ist mehr als ein Zufall, daß dieses Treffen zwischen dem Hobby-Bastler und den enthusiastischen Studenten nicht in Santa Clara, sondern in Albuquerque stattfand. Obwohl damals in Kalifornien unternehmerische Aufbruchstimmung herrschte, konnten die Pioniere im Silicon Valley wohl nicht über ihre eigenen Schatten springen. Ziel der Ingenieure war es, Großcomputer schneller und billiger zu machen. Interessiert war man noch ausschließlich an industrieller und kaufmännischer Nutzung. An Anwendungsmöglichkeiten zu Hause dachte niemand ernsthaft, und Videospiele waren ohnehin suspekt. Es bedurfte Außenseitern wie Roberts, Gates und Allen, um der Computerei den „persönlichen Touch" zu geben. Die Wiege des PC stand daher nicht im Silicon Valley, sondern im Tal des Rio Grande.

Das Altair-Trio trennte sich jedoch bald im Streit. Roberts gab auf und arbeitet heute als verbitterter Landarzt in Georgia. Gates und Allen gründeten die Softwarefirma Microsoft und sind inzwischen Milliardäre. Wegen der Streitigkeiten unter den Gründern wurde der Altair-Computer nie zu einem Massenprodukt. Selbst Chip-Erfinder Ted Hoff, dessen Mikroprotz den Altair steuerte, konnte nie einen dieser PCs sein eigen nennen.

Unterdessen bekamen die bisher exklusiv von Intel hergestellten programmierbaren Mikroprozessoren Konkurrenz. Zwei weitere Firmen, Motorola und Zilog, hatten eigene Chips entwickelt. Eines dieser Produkte, der Motorola-Chip 6805, sollte dem PC dann schließlich im Jahre 1977 zum Durchbruch verhelfen, als nämlich Steve Jobs und Steve Wozniack im kalifornischen Cupertino ihren Apple-Computer vorstellten. Danach entwickelte sich die Geschichte der „Computer für Jedermann" atemberaubend schnell. Im Jahre 1981 stellt IBM seinen ersten Heimcomputer vor. IBM nannte sein jüngstes Kind „PC", womit der Name Personalcomputer geboren war. Gesteuert wurde er von einem Mikroprozessor von Intel, bedienen ließ er sich mit Software aus dem Hause Microsoft. Diese Kombination sollte sich zum Maßstab einer ganz neuen Industrie entwickeln. Hunderte von Firmen, vor allem in Japan und Südostasien, bauten den PC und seine Nachfolgemodelle nach.

Um die Heimcomputer herum entwickelten sich vollkommen neue Industriezweige. Softwarefirmen schossen wie Pilze nach einem warmen Sommerregen aus dem Boden. Man entwickelte Buchhaltungsprogramme und Dateien. Das Desktop-Publishing machte aus dem Computer eine Schreibmaschine mit angeschlossener Setzerei und Druckerei. Jeder, der wollte, konnte sich per Computer ins Cockpit eines Jagdflugzeuges versetzen lassen und mit Tastendruck zumindestens auf dem Bildschirm einen Looping drehen. Monopoly und Schach, Halma und Mühle waren plötzlich nicht mehr nur Brettspiele, mit denen sich Menschen näher kamen. Der Computer als unsichtbarer Gegner schob Steine und Figuren nach eigenem Gusto über den Bildschirm.

Niemand weiß genau, wie viele Personalcomputer mittlerweile auf der Welt existieren und wie sie genutzt werden. Es dürften annähernd 50 Millionen sein. Man findet sie auf dem radioaktiv verstrahlten Bikini-Atoll im Zentralpazifik ebenso wie im Busch von Papua-Neuguinea. Sie stehen auf den Schreibtischen der Vorstände der Firmen im Silicon Valley ebenso wie in den Bauwagen auf Großbaustellen. Künstler benutzen die PCs, Buchhalter tippen ihre Daten ein, Schriftsteller schreiben auf ihnen ebenso wie Metzger, Schulkinder wachsen mit ihnen auf, Rentner lernen mit ihnen umzugehen. In nur einem Jahrzehnt haben die Personalcomputer die Welt verändert. Ihr Einfluß auf das tägliche Leben machte sich schneller bemerkbar als die jeder anderen technischen Erneuerung in der Geschichte der Menschheit. Weder Glühbirne noch Automobil, weder Kugelschreiber noch Reißverschluß eroberten die Welt mit einem solch rasanten Tempo.

Je größer die Palette der Anwendungen für die Personalcomputer wurde, desto höhere Anforderungen stellte man an die Gehirne der PC's, die Mikroprozessoren. Auf dem ursprünglichen Chip vereinigte Ted Hoff gerade 2300 Transistoren, mittlerweile sind es hundertfünfzigmal so viele. Bald dürfte die Schallmauer von einer Millionen Transistoren pro Chip erreicht sein. Doch mit jedem Schaltelement, das die Chipdesigner zusätzlich auf ihre elektronischen Bausteine zwängten, wuchs der Drang zu Miniaturisierung. Um einen Chip aus den runden Siliziumscheiben in Fabrik 9.2 herzustellen, sind über 400 verschiedene Verfahrensschritte nötig. Die Verbindungen zwischen den einzelnen Transistoren sind nur noch 0,8 Mikrometer dünn. Verglichen damit hat ein Haar die Dicke eines Baumstammes, ein Staubkorn die Größe eines Findlings. Kein Wunder also, daß die Arbeiter in den Reinräumen der Halbleiterindustrie von Scheitel bis zur Sohle in staubfreier Kleidung vermummt sind und sich vor jeder Schicht in den Luftschleusen absaugen lassen müssen.

Auf einen der Intel-Gründer geht eine empirische Formel zurück, die mittlerweile als Mooresches Gesetz bekannt ist. Danach werden spätestens alle 18 Monate Mikroprozessoren entwickelt, welche die Leistung ihrer Vorgänger ums Doppelte übertreffen. Dieser Fortschritt macht neue Anwendungen möglich, die wiederum einen größeren Bedarf an leistungsfähigen Personalcomputern anfachen. Seit zehn Jahren dreht sich mittlerweile diese Silizium-Spirale – je enger die Kurven werden und je schneller sich das Karussell dreht, desto mehr Firmen geraten ins Schleudern. Wie fast alle anderen amerikanischen Unternehmen hat auch Intel mittlerweile die Herstellung von Speicherchips völlig aufgegeben. Japanische Firmen überschwemmten den Weltmarkt Mitte der achtziger Jahre mit diesen Produkten zu Dumpingpreisen. Innerhalb weniger Jahre hatte diese „technologische Tsunami" die amerikanische Halbleiterindustrie ins Mark getroffen. Die Unternehmen intervenierten im Weißen Haus, beklagten den Verlust von Arbeitsplätzen und sahen die Rolle Amerikas als Nation technischer Alleskönner bedroht. Nach zähen Verhandlungen kamen die Regierungen in Tokio und Washington schließlich überein, solche Dumpingmethoden künftig zu unterlassen.

Die amerikanische Halbleiterunternehmen kämpfen heute mit den Methoden der Großindustrie um Marktanteile und Gewinn. Als Ted Hoff vor knapp 23 Jahren bei Intel anfing, war das Betriebsklima noch völlig anders. Es war die Zeit der Hippies, erinnert er sich. Viele Ingenieure hatten lange Haare, man arbeitete zu ungewöhnlichen Stunden, hörte Rockmusik, rauchte Marihuana. Bill Gates, der Gründer von Microsoft, zockte nächtelang mit anderen „Hakkern“ am Pokertisch. Steve Job experimentierte mit LSD und wanderte barfuß im Batik-T-Shirt durch Palo Alto. Die junge Mikroprotz-Branche war eine Spielwiese für Außenseiter, eine industrielle Subkultur.

In der Ära von Hippies und Blumenkindern, von Studentenprotesten und Vietnam-Demos begann im Silicon Valley ein neues Zeitalter. Auf die Anfangsphase der Branche zurückblickend, meinte Gordon Moore später einmal, die besessenen Ingenieure und Programmierer seien die wahren Revolutionäre gewesen, nicht die Demonstranten auf der Straße. Und auch Ted Hoff sieht die Entwicklung der vergangenen 20 Jahre sozialpolitisch. Vor der Erfindung der Mikroprozessoren sei der Computer etwas Geheimnisvolles gewesen, ein nur von Spezialisten zu durchschauender und nur von ihnen beherrschbarer ungetümer Apparat. Der Mikroprozessor habe die elektronischen Rechenanlagen dagegen zu Massenprodukten gemacht. „Wir haben den Computer demokratisiert“, meint er.

Ein Wurm legt 6000 Computer lahm

Russell Brand wollte sich eigentlich einen ruhigen Abend in seinem Haus in den Hügeln von Berkeley machen. Der 26 Jahre alte Wissenschaftler ist Informatiker am Lawrence-Livermore-Labor. Wie an jedem Abend schaltete Brand kurz vor Mitternacht noch einmal seinen Heimcomputer ein und stellte eine Verbindung mit dem Rechner in seinem Büro her. Normalerweise startet Brand dabei Programme, welche die Computer in Livermore während der Nachtstunden berechnen. Wenn er am nächsten Morgen ins Büro kommt, liegen bereits die Ergebnisse seiner Berechnungen vor.

Doch in dieser Nacht spielte der von Brand benutzte Computer in Livermore verrückt. „Das System antwortete sehr langsam“, erklärt er. „Nachts werden die Computer sonst kaum benutzt, doch an diesem Abend waren die Rechner voll.“ Diese ungewöhnliche Aktivität machte Brand stutzig. Er schaute sich die Programme, die der Computer zur Zeit berechnete, etwas genauer an. Dabei fiel ihm ein Programm mit dem Namen „SH“ auf, das er noch nie vorher gesehen hatte. Es war offenbar von außen in die Maschine geschleust worden war. Brand rief daraufhin jene Kollegen an, die für die Computersicherheit in Livermore zuständig sind. Gemeinsam ging man der Sache nach.

Unterdessen kämpften Darren Griffith und seine Kollegen an der Universität von Berkeley bereits seit sechs Stunden mit ihren Computern. Sie waren gegen 18 Uhr vom Abendessen in einer Pizzeria in das Institut für Experimentelle Informatik zurückgekehrt. Ein Blick auf die Bildschirme zeigte den Experten, daß irgendetwas mit ihrem System nicht stimmte. Auch sie fanden das mysteriöse SH-Programm in ihren Rechnern. „Es blockierte unsere Computer vollständig“, meinte Griffith.

Weder Brand noch Griffith merkten zu dieser Zeit, daß ihre Computer vom gleichen „Virus“ befallen worden waren. Den Nachtarbeitern in vielen Computerzentren in allen Teilen Amerikas ging es ebenso. An den berühmten Universitäten wie Harvard, Stanford, Cornell und dem Massachusetts Institute of Technology (MIT) lief nichts mehr. Die Computer von Unternehmen liefen ebenso Amok wie einige Rechenmaschinen der Nasa und die Elektronenhirne zahlreicher militärischer Einrichtungen. Am nächsten Morgen, so ergab eine erste Übersicht, waren mehr als 6000 Computer in Amerika von diesem Virus befallen. Alle diese Rechenmaschinen hatten nur eins im Sinn: Sie kopierten das SH-Programm immer und immer wieder – so lange, bis ihre Speicherkapazität erschöpft war und sie sich selber abschalteten.

Es stellte sich schnell heraus, daß nur eine bestimmte Gruppe von Computern infiziert war. Es handelte sich ausschließlich um VAX-Computer und die sogenannten Sun-Workstations. Sie alle arbeiteten unter dem Betriebssystem Unix 4.3 und waren ausnahmslos an eines der größten Datenverbundnetze der Welt angeschlossen, das Arpanet. Raymond Colladay, der Leiter der zum Pentagon gehörenden und Arpanet betreibenden Defense Advanced Research Projects Agency (Darpa) rief den Notstand aus. Das sei der größte Angriff, der je auf amerikanische Computer unternommen worden sei, meinte er. Das ebenfalls zum Verteidigungsministerium gehörende National Computer Security Center (NCSC) im Bundesstaat Maryland richtete ein Krisenzentrum ein. Bei der New York Times meldete sich unterdessen ein anonymer Anrufer. Einer seiner Freunde, ein Informatikstudent, habe das Computervirus erzeugt und in den Datenverbund eingeschleust, erklärte er. Allerdings habe er einen Programmierfehler gemacht. Was ursprünglich nur als Gag gedacht war, legte nun den gesamten Datenaustausch zwischen 300 Universitäten, privaten und industriellen Forschungseinrichtungen sowie verschiedenen militärischen Stellen lahm.

Informatikern am Lawrence-Livermore-Labor und bei der Firma SRI in Palo Alto gelang es schließlich, das mysteriöse Programm zu isolieren und zu untersuchen. Es handelte sich um ein relativ kurzes Programm von nur 99 Zeilen Länge. Es war in der Programmiersprache „C“ geschrieben. Es wies die befallenen Computer an, das Programm selbst so oft wie möglich zu kopieren. Ein anderer Teil dieses Programms suchte unterdessen in den Dateien nach möglichen Verbindungen zu anderen Computern. Wenn es solche fand, kopierte sich das Programm selbst über Arpanet auf die anderen Rechenmaschinen. Dort begann es sein zerstörerisches Werk von neuem. Das Programm sei äußerst intelligent geschrieben, meinte die Experten. Es mache sich einige bekannte Unzulänglichkeiten in jenen Systemprogrammen zunutze, die Arpanet mit den Unix-Computern logisch verbinden. Nachdem klar war, wie das Programm arbeitete, konnten die befallenen Computer in wenigen Stunden desinfiziert werden. Nach wenigen Tagen arbeitete das Netz wieder normal.

Viele Experten waren überrascht, daß es einem einzigen Programm gelingen konnte, in wenigen Stunden über 6000 Computer lahm zu legen. Noch überraschter waren sie jedoch, als sich der Übeltäter selbst stellte. Es handelte sich um den 23 Jahre alten Robert Morris Jr., einem Informatikstudenten an der Cornell-Universität in Ithaca (New York). Sein Vater, Robert Morris Sr., ist am NSCS als Chefwissenschaftler angestellt und gilt als der Fachmann für Computersicherheit in Amerika. Das ungewöhnliche an dem Fall ist, daß sich der Vater mit der Sicherheit von Unix-Systemen als Spezialgebiet befaßt.

Das legte den Schluß nahe, als habe der Sohn seinem Alten Herrn mit dem Computervirus einen Streich spielen wollen. Doch viele Experten hatten seit langem damit gerechnet, daß Arpanet zum Ziel von Hackern wird. Erste Computer wurden bereits im Jahre 1969 diesem Datenverbund angeschlossen. Damit wollte Darpa, der Forschungsarm des Pentagon, Wissenschaftlern und Ingenieuren, die an von ihr geförderten Projekten arbeiteten, den Datenaustausch und die Kommunikation erleichtern. Im Laufe der Jahre schlossen sich immer mehr Universitäten und Industrielabors an dieses Netz an. Selbst Computer in Europa und Australien wurden angekoppelt. Im Jahre 1983 entschloß sich das Pentagon, einen neuen Datenverbund einzurichten. Der Austausch geheimer Daten wurde aus Arpanet ausgelagert und wird seitdem über Milnet abgewickelt.

Von den meisten amerikanischen Universitäten ist der Zugang zu Arpanet relativ einfach. Deshalb befürchteten Sicherheitsexperten bereits seit langem, daß clevere Informatikstudenten irgendwann ein Virus in dieses System einschleusen würden. Bisher blieb das Netz davon jedoch verschont. Wie Morris junior erklärte, hatte er nicht vor, das gesamte Netz lahmzulegen. Er wollte lediglich einen

„Wurm“ einschleusen, der sich allmählich durch die an Arpanet angeschlossenen Computer „frißt“. Dabei sollte er keine Spuren hinterlassen – bis auf eine. Morris hatte seinen Computerwurm so programmiert, daß jedes Programm sich regelmäßig bei einem Computer in Berkeley melden sollte. Auf diesem Computer mit dem Namen „Ernie“ hatte Morris eine Datei angelegt. In ihr sollten die Meldungen gesammelt und damit die Ausbreitung des Wurms dokumentiert werden. Morris habe damit zeigen wollen, wie schlecht der Datenverbund gegen unbefugte Benutzung gesichert ist. Doch durch einen kleinen Programmierfehler geriet ihm der Wurm aber außer Kontrolle. SH kopierte sich tausendmal schneller, als es Morris vorgesehen hatte. Da jede dieser Kopien ihren Standort an Ernie in Berkeley zurückmeldete, hatten Griffith und seine Kollegen besondere Schwierigkeiten, ihre Rechner unter Kontrolle zu bringen.

Die Jagd nach dem Hacker

Die lockigen, schwarzen Haare stehen wild vom Kopf ab. Mit seinem asketischen Gesicht und den tiefliegenden Augen erinnert er an einen Rock-Musiker aus den siebziger Jahren. Doch Clifford Stoll ist Wissenschaftler und ein angesehener Computerexperte. Mit einem ausgetüftelten System vom Programmen und elektronischen Fallen hat er einen Computerhacker zur Strecke gebracht, der ohne Berechtigung Datenverarbeitungsmaschinen auf drei Kontinenten anzapfte. Clifford Stoll arbeitete an den Rechenmaschinen des zur Universität von Kalifornien gehörenden Lawrence-Berkeley-Laboratoriums. Sein Gegenspieler saß angeblich vor einem Heimcomputer in einer Erdgeschoßwohnung in der Glockseestraße in Hannover – 10 000 Kilometer von Berkeley entfernt. Elf Monate lang jagten sich die beiden wie Katz und Maus in den Computern, bis Stoll dem Datenpiraten endlich das Handwerk legen konnte.

Begonnen hatte alles, so erzählt Stoll, als er in den Abrechnungen über die Benutzerzeiten für einen der Computer im Lawrence-Berkeley-Labor (LBL) eine Unstimmigkeit entdeckte. Das LBL ist eine hauptsächlich vom amerikanischen Energieministerium finanzierte Großforschungseinrichtung mit den Schwerpunkten Physik, Chemie und Materialwissenschaften. Zunächst glaubte Stoll an einen Programmierfehler. Doch nach eingehender Prüfung stellte sich heraus, daß Unbefugte den Rechner unter einer gefälschten Kennummer benutzt hatten. Obwohl die Diskrepanz in den Abrechnungen nur wenige Dollar betrug, ging Stoll der Sache nach. „Uns interessierte, wie jemand in unser System gelangen konnte", meint er.

Der Fall schien zunächst ganz harmlos. Das LBL befindet sich direkt neben dem Universitätsgelände in Berkeley. Studenten der Hochschule dürfen, wenn sie eine Genehmigung haben, die Rechenanlagen des Labors benutzen. Irgendein Student, so vermutete Stoll, habe sich wieder einmal ohne Genehmigung in die Computer eingeschlichen. Doch kurz nachdem Stoll den Buchungsfehler entdeckte, erhielt er eine Mitteilung des National Computer Security Center (NCSC) aus Maryland. Diese Regierungseinrichtung befaßt sich ausschließlich mit dem Schutz von Datenverarbeitungsanlagen. Jemand vom LBL habe versucht, in einen der Computer dieser Einrichtung einzudringen, hieß es darin. Stoll löschte daraufhin die gefälschte Kennummer aus dem Berkeley-Rechner. Doch im nächsten Monat wiesen die Abrechnungen erneut Widersprüche auf. Jemand hatte sich von außen über eine Telefonleitung erneut Zugang zu dem Computer in Berkeley verschafft. Dabei hatte diese Person sich selbst zum System-Manager ernannt. Leider, so gibt Stoll zu, ist das bei manchen Betriebssystemen, wie dem UNIX-System in Berkeley, möglich.

Als System-Manager konnte der Eindringling an sich selbst neue Kennummern und Paßwörter vergeben. Damit hätte er nach Stolls Auffassung den Computer tagelang ungestört benutzen können. Doch die Datenschützer von Berkeley waren durch die Ereignisse im Monat davor gewarnt. Sie installierten einen komplexen Mechanismus aus Programmen und weiteren Computern, mit deren Hilfe sämtliche Benutzer von außerhalb registriert wurden. Fast alle besaßen Kennummern und Paßwörter, die offiziell von Berkeley zugeteilt worden waren.

Doch ein Benutzer fiel Stoll besonders auf. „Er muß ein starker Raucher gewesen sein“, meint Nichtraucher Stoll. „Seine Paßwörter waren immer aus den Namen von Zigarettenmarken zusammengesetzt.“ Verdächtig war, daß sie nicht auf der offiziellen Liste der vergebenen Paßwörter standen. Stoll und seine Mitarbeiter erkannten, daß dieser Benutzer stets über ein amerikanisches Datennetz, das sogenannte Tymnet, in die Computer der Universität Berkeley gelangte. Der Hacker benutzte Berkeley dann als Sprungbrett, um in viele andere Rechnersysteme zu gelangen. Stoll: „Er stöberte in den Daten des Air Force System Command in El Segundo ebenso herum wie in Computereinrichtungen der Marine und des Heeres sowie in Computern von Privatfirmen und anderen Forschungseinrichtungen.“

Ein solcher Zugang ist in der Regel leicht möglich. Die Rechenanlagen in Berkeley sind mit zahlreichen anderen Computern in allen Erdteilen vernetzt. Tymnet beispielsweise ist ein Leitungsnetz, das von einer Abteilung des Flugzeugherstellers McDonnell-Douglas betrieben wird. Es läßt sich über eine normale Telefonleitung von nahezu allen Städten Amerikas anwählen und verbindet den Benutzer dann mit dem gewünschten Computer. Während man für Tymnet – wie beim Telefon – zeitabhängige Gebühren zahlen muß, sind andere Netze kostenlos. Die meisten Universitätsrechenzentren in Europa, Japan und Amerika sind über „Bitnet“ und „Internet“ miteinander verbunden. Das „Arpanet“, über das Robert Morris seinen Wurm nach Berkeley einschleuste, verbindet die Computer von Großforschungseinrichtungen und Rüstungsfirmen miteinander. Da in Berkeley in vielen Wissenschaftsdisziplinen geforscht wird, ist das Rechenzentrum dort an viele Netze angeschlossen. Stoll: „Wer einmal bei uns drin ist, kann mit vielen Computern in Amerika kommunizieren – vorausgesetzt, er besitzt für jede dieser Maschinen eine Zugangsgenehmigung.“ Der mysteriöse Hacker hat offenbar genau das versucht. Insgesamt, so ergaben Stolls Aufzeichnungen, versuchte er mit 450 Rechenmaschinen in Amerika und Japan in Verbindung zu treten. Doch nur in fünf Prozent der Fälle gelang ihm der Zugang, weil er die richtigen Paßwörter kannte.

War der Hacker einmal im fremden Rechner, suchte er alle Dateien systematisch nach Stichwörtern wie SDI, Kernwaffen oder Interkontinentalraketen ab. „Uns kam dabei zunächst der schlimme Verdacht, daß ein Spion am Werk war“, meint Stoll. Das Labor schaltete daraufhin die für Berkeley zuständige Staatsanwaltschaft und das FBI ein. Gemeinsam mit den Tymnet-Operateuren versuchte man den Hacker bei einer seiner Eskapaden mit einer Fangschaltung zu schnappen. Doch meist blieb der mysteriöse Datenpirat nicht lange genug in den Computern. Immer dann, wenn die Fangschaltung stand, hatte er bereits wieder aufgehängt.

Die Tymnet-Techniker machten dabei jedoch eine seltsame Entdeckung. Der Hacker wählte Tymnet nicht von einer amerikanischen Stadt an. Die Verbindung kam stets über das Datex-P-Netz der Deutschen Bundespost zustande. Das FBI informierte das Bundeskriminalamt, Tymnet nahm Verbindung mit der Bundespost auf. Für Clifford Stoll begann nun eine hektische Zeit in Berkeley. Plötzlich war aus der Suche nach dem Hacker vom Campus nebenan eine Jagd nach einem international tätigen Datenschnüffler geworden. Stoll schaffte sich einen Funkpiepser an und verband ihn mit dem Computer. Der Piepser alarmierte ihn immer dann, wenn sein Computer in Berkeley den geheimnisvollen Hacker entdeckte. Mit Genehmigung des Direktoriums erfand Stoll schließlich eine gefälschte, aber echt aussehende Computereintragung über das SDI-Programm. Von geheimen Informationen war die Rede und von Fortschritten bei dem Raketenabwehrprogramm. Eines Tages entdeckte der Hacker diese Eintragung. Er kopierte sie über die Netze in seinen Computer. Dabei blieb er fast eine halbe Stunde mit dem Computer in Berkeley verbunden. Das war endlich Zeit genug für die Techniker in Amerika und Deutschland die Fangschaltungen zu legen. Dabei stellte sich heraus, daß der Hacker in Hannover wohnte und sich über die Universität Bremen Zugang zu Tymnet verschafft hatte. Nach dieser Aktion schöpfte der Hacker, so Stoll, offenbar Verdacht, denn danach haber sich nur noch einmal ganz kurz im Computer in Berkeley gemeldet.

Obwohl Stoll den Mann fast elf Monate lang jagte, weiß er nicht einmal seinen Namen. Eine Illustrierte hat den Hakker angeblich auf der Glockseestraße in Hannover aufgespürt. Er sei 24 Jahre alt und Student der Informatik. Seine nächtlichen Angriffe auf die Militärcomputer seien „ein Tiefschlag für das amerikanische Verteidigungssystem" gewesen, meint die Illustrierte. Die ganze Geschichte sei mittlerweile zu einer „Staatsaffäre" geworden. Dem widerspricht Stolls Vorgesetzter, der stellvertrende LBL-Direktor Leroy Kurth: „Wir betreiben keine Geheimforschung in Berkeley. Wir haben deshalb auch keinen Zugang zu Computern, in denen geheime Informationen gespeichert sind." In Amerika seien jene Computersysteme, welche die Wissenschaftler für geheime Forschungsprogramme wie SDI oder für die Entwicklung von Kernwaffen benutzen, „physikalisch" von den anderen Rechenmaschinen getrennt. Es gibt, so Kurth, einfach keine Kabel, die diese beiden Systeme miteinander verbinden. Dem Hacker aus Hannover wäre es deshalb unter keinen Umständen gelungen, sich Zugang zu diesen Computern und den darin gespeicherten Geheiminformationen zu verschaffen.

Welche Motive den Datenpiraten jedoch bewogen, sich elf Monate lang mehrmals in der Woche in amerikanischen

Computern umzusehen, ist auch den LBL-Wissenschaftlern nicht klar. Wahrscheinlich habe es einfach Spaß gemacht, die großen Computer in allen möglichen Einrichtungen nacheinander abzuklappern. Stoll hat allerdings viel von dem Hacker gelernt. Einerseits sei es dem LBL gelungen, mehrere Behörden in verschiedenen Ländern zu einer intensiven Zusammenarbeit beim Aufspüren des Hackers zu bewegen. Zum anderen habe man die Schwachstellen der Sicherheitssysteme bei verschiedenen Computern erkannt und könne nun darangehen, sie zu beseitigen. Und schließlich sei es eine wissenschaftlich knifflige Aufgabe gewesen, den ungebetenen Gast im Computer ausfindig zu machen. Stoll gibt auch zu, daß gegen solche Hacker eigentlich kein Kraut gewachsen sei. Im Durchschnitt verschaffe sich alle zwei Wochen ein Datenschnüffler unberechtigten Zugang zu den Rechnern in Berkeley. „So lange wir die Rechner nicht von den Datenleitungen abklemmen, müssen wir immer mit Hackern rechnen." Doch gerade diese Datenleitungen seien für die Arbeit der Wissenschaftler heute unersetzlich.

Die Zwischenfälle mit dem „Wurm" und dem mysteriösen Hacker aus Hannover haben in Amerika großes Aufsehen erregt. Man diskutiert nun darüber, ob das bestehende Gesetz zum Schutz vor mißbräuchlicher Nutzung von Computern ausreicht. Kürzlich wurde nämlich erstmals ein Programmierer im Rahmen dieses Gesetzes verurteilt. Er hatte für eine Versicherungsgesellschaft in Fort Worth (Texas) gearbeitet und infizierte kurz vor seiner Entlassung die Computer der Gesellschaft mit einem Virus. Das Virus zerstörte die gespeicherten Informationen von über 168 000 Versicherten. Die Verurteilung war aber nur möglich, weil das Virus tatsächlich Schaden in den Dateien angerichtet hatte. Im Gegensatz dazu blockierte der „Wurm" des jungen Morris zwar für Stunden die an Arpanet angeschlossenen Computer. Es zerstörte jedoch weder Daten noch hinterließ es – nachdem die Rechner desinfiziert waren – irgendwelche

Spuren. Ebenso richtete der Hacker aus Hannover keine Schäden an den Dateien an. In beiden Fällen war deshalb nicht gegen das Gesetz verstoßen worden.

Frostschutz aus der Genfabrik

Kurz nach Sonnenaufgang über dem San-Joaquin-Tal schlüpfte Julie Lindemann in einen weißen Overall. Sie stülpte sich eine Kapuze mit eingebauter Atemmaske über und zog weiße Gummischuhe an. Nachdem die junge Wissenschaftlerin auch noch Plastikhandschuhe angelegt hatte, sah sie aus wie eine Kreuzung zwischen Astronaut und Imker. Schließlich nahm sie eine große Gartenspritze in die Hand und schritt langsam durch 28 Ackerfurchen. Sorgfältig sprühte sie alle 2300 Erdbeerpflanzen auf dem kaum fünf Ar großen Feld ein.

Normalerweise sind die Farmer in Brentwood, gut 100 Kilometer östlich von San Francisco, nicht so zimperlich, wenn es um das Sprühen ihrer Felder geht. Insektizide und Herbizide werden meist von gelben Doppeldecker-Flugzeugen aus versprüht. Dessen Piloten steuern die Maschinen wie Kunstflieger in wenigen Metern Höhe über den Acker. Wie ein feiner Nebel rieselt das gewünschte Gift dann aus Öffnungen unterhalb der Tragflächen auf den Acker. Weder Landwirt noch Pilot tragen dabei Schutzanzüge. Jeans, Cowboystiefel und ein Hut mit breiter Krempe genügen ihnen als Schutz.

Es war nicht nur die seltsame Aufmachung der Wissenschaftlerin, die fast hundert Menschen zu dieser frühen Stunde in einen der fruchtbarsten Landstriche Kaliforniens lockte. Die Environmental Protection Agency (Epa), die Umweltbehörde aus Washington, war ebenso vertreten, wie Mitarbeiter des Landwirtschaftsministeriums aus der Hauptstadt Kaliforniens, Sacramento. Wissenschaftler der Universität aus Berkeley verfolgten jede Bewegung Julie

Lindemanns. Einige Bauern und eine Gruppe mexikanischer Landarbeiter schauten dem Spektakel zu. Sie wunderten sich vor allem über das Emblem auf dem Overall der Wissenschaftlerin – „Frostbusters". Im amerikanischen Slang heißen Geldschrankknacker „Safebusters". Daß Ende April, zu einer Zeit, in der die Temperaturen im San-Joaquin-Tal schon höher sind als im deutschen Hochsommer, noch einer den Frost „knacken" will, schien den Farmern reichlich unverständlich.

Frau Lindemann ist aber wirklich ein Frostbuster. Ihr Arbeitgeber, das Gentechnik-Unternehmen Advanced Genetic Sciences (AGS) aus Oakland, hat nämlich ein Bakterium gezüchtet, das die Reifbildung auf Pflanzen und damit Frostschäden verhindern soll. In Laborversuchen hat die Mikrobe schon Wirkung gezeigt. Doch die Sprühaktion auf dem Erdbeerfeld des Bauern Perry Continente war der erste Freilandversuch mit diesem Bakterium. Es war auch gleichzeitig eine Weltpremiere, denn es war das erstemal, daß genetisch veränderte Lebewesen in die Natur entlassen wurden.

Entsprechend groß waren auch die Sicherheitsvorkehrungen. Der Versuch mußte am frühen Morgen stattfinden weil zu dieser Zeit kein Wind über die Äcker von Brentwood weht. Trotzdem installierten Epa-Mitarbeiter 16 Pumpen, die in verschiedenen Höhen über dem Erdbeerfeld die frische Morgenluft einsogen. Die Luftproben wurden an Ort und Stelle auf ihren Gehalt an Bakterien untersucht. Auf Nachbaräckern hatten Angestellte des kalifornischen Landwirtschaftministeriums 38 weiße Pflanzkübel aufgestellt. In ihnen wachsen junge Gerstenpflanzen, die in regelmäßigen Abständen kontrolliert werden sollen.

Die Idee, daß genetisch veränderte Bakterien als Frostschutz für die Landwirtschaft verwendet werden können, stammt von den beiden Botanikern Steven Lindow und Nikkolas Panopoulos von der Universität in Berkeley. Tiefe Temperaturen allein schädigen nämlich die Pflanzen nicht so sehr. Blüten und Blätter werden erst zerstört, wenn sich auf ihren Oberflächen Tau absetzt, der anschließend auf den Pflanzen zu Reif gefriert. Damit Wassertropfen in der Atmosphäre überhaupt zu Eis werden, sind sogenannte Kristallisationskeime notwendig. Sie sind Auslöser für die Eisbildung, und an ihnen lagern sich die Eiskristalle an. Stellt man in Frostnächsten einen Raucherzeuger in einer Obstplantage auf, so gefrieren die Wassertropfen an den winzigen Rauchpartikeln. Der Atmosphäre wird auf diese Weise Feuchtigkeit entzogen. Der Tauniederschlag auf die Pflanzen und damit die Wahrscheinlichkeit von Frostschäden werden geringer. Diese Methode setzt beim Landwirt jedoch viel Fingerspitzengefühl voraus und gelingt nicht immer.

Die beiden Botaniker fanden bei Laborversuchen im Jahre 1982, daß die Oberfläche von Blättern selbst noch bei minus zehn Grad eisfrei bleibt, wenn man sie vorher mit einem Antibiotikum behandelt hatte. Das Antibiotikum tötete das weitverbreitete Pflanzenbakterium Pseudomonas syringae ab. Bei näherer Untersuchung des Bakteriums machten die Wissenschaftler eine überraschende Entdekkung. Das Bakterium stellt nämlich ein Protein her, das wie ein Rauchpartikel als Kristallisationskern bei der Eisbildung dient. Die Wissenschaftler schnitten mit gentechnischen Methoden jenen Genabschnitt aus der Erbsubstanz des Bakteriums heraus, der für die Herstellung des eisbildenden Proteins zuständig war. In Laborversuchen verhielten sich die amputierten Pseudomonas-Bakterien ebenso wie ihre vollständigen Artgenossen. Der wichtige Unterscheid war jedoch, daß sich an ihnen kein Eis bildete. Das als Kristallisationskern dienende Protein wurde nämlich von den genetisch veränderten Bakterien nicht hergestellt.

Zunächst wollten Lindow und Panopoulos die Bakterien selbst im Freiland testen, doch Umweltschutzgruppen protestierten. Die Berkeley-Forscher gewannen zwar mehrere Prozesse, doch die Zweifel an der Umweltverträglichkeit des amputierten Pseudomonas-Bakteriums blieben. Zu den Argumenten der Umweltschützer gehörten unter anderem, daß das Bakterium in natürlicher Form als Kondensationskern bei der Regenbildung eine Rolle spielt. Die genetisch veränderten Baktierien wären dazu nicht in der Lage, könnten also somit Trockenperioden auslösen. Außerdem ließe sich nicht abschätzen, was passiere, wenn die amputierten Bakterien ihre natürlichen Artgenossen auf den Pflanzen verdrängen.

Die Universität gab daraufhin die Rechte an dem genetisch veränderten Pseudomonas an die Firma AGS ab. Das Unternehmen focht einen jahrelangen Rechtsstreit mit der einflußreichen Anti-Gentechnik-Gruppe „Foundation on Economic Trends" aus Washingtion aus. Mehrmals konnte diese Gruppe im letzten Moment Feldversuche mit einstweiligen Verfügungen verhindern. Ursprünglich wollte man die gentechnisch veränderten Bakterien nämlich auf einem Erdbeerfeld in der Nähe von Salinas testen, jener der Stadt in der Nähe von Monterey, deren Leben John Steinbeck so eindrucksvoll beschrieb. Doch zweimal erwirkte der Kreistag von Monterey County auf Drängen der Umweltschützer eine Verschiebung der Versuche.

Unterdessen drang ein folgenreicher Zwischenfall bei AGS an die Öffentlichkeit. Zeitungsreporter fanden heraus, daß die Firma die Frostschutzbakterien schon einmal – ohne Genehmigung – im Freien getestet hatten. AGS-Wissenschaftler hatten nämlich das Bakterium in etwa ein Dutzend Bäume, die auf dem Dach des Laborgebäudes in Töpfen wuchsen, injiziert. Die Epa wußte zwar von den Versuchen an den Bäumen, dachte jedoch, sie würden in hermetisch abgeschlossenen Räumen wachsen. Beamte der Epa fühlten sich hintergegangen und entzogen der Firma daraufhin die Sprühgenehmigung für Salinas und belegten das Unternehmen mit einer Strafe. In aller Stille bemühte sich Lindow unterdessen weiter um eine Genehmigung, für neue Versuche auf einem Kartoffelacker in dem kühlen, jedoch nicht zu feuchten Klima in den Klamath-Bergen

Nordkaliforniens. Doch auch dort, in der Gemeinde Tulelake, regte sich, durch die Washingtoner Gentechnik-Gegner angestachelt, der Widerstand gegen die Freilandexperimente.

Schließlich stimmten die Epa, die Landesregierung, der Landkreis Contra Costa und die Gemeinde Brentwood einem Versuch auf dem Erdbeerfeld im San-Joaquin-Tal zu. Weil dennoch mit Protesten gerechnet wurde, ließ AGS das Erdbeerfeld mit Maschendraht einzäunen und beauftragte einen privaten Wachdienst mit dem Schutz der Pflanzen. Trotzdem schlichen sich in einer Nacht vor dem Versuch unbekannte Umweltschützer auf das Versuchsfeld und rissen zahlreiche Erdbeerpflanzen aus. Der Schaden konnte jedoch schnell behoben werden.

Da im Frühling im Zentraltal nicht mehr mit Frost gerechnet werden kann, will AGS in regelmäßigen Abständen einige Erdbeerpflanzen ausgraben und die Wirksamkeit der Bakterien in Kühlkammern im Labor testen. Sobald die Ergebnisse vorliegen, werden alle Erdbeerpflanzen von dem Versuchsfeld entfernt und anschließend vernichtet. Selbst wenn die Versuche erfolgreich verlaufen, wird es noch Jahre dauern, bis dieses aus einer Genfabrik stammende, aber dennoch natürliche Frostschutzmittel auf den Markt kommt. Es müssen nämlich, so die Bestimmungen, noch zahlreiche Großversuche an verschiedenen Pflanzenarten unter verschiedenen Klimabedingungen folgen.

Hochbegabte Kieselsteine und Feuersäulen im Tal der Pilze

Im Sommer hat die Landschaft um den Altamont-Paß im Küstengebirge östlich von San Francisco etwas Unwirkliches. Die Weiden auf den Hügeln sind unter der brennenden Sonne zu einem goldbraunen Teppich verdorrt. Vereinzelte Rinder suchen nach Eßbarem. Doch weder Hügel noch Kühe dominieren die Landschaft. Es sind Tausende von Windmühlen, die in der kräftigen, vom Pazifik herüberwehenden Brise ihre Flügel rotieren lassen. Don Quichote wäre von ihrem Anblick überwältigt gewesen.

Von dieser elektrischen Strom produzierenden Windfarm geht der Blick nach Osten ins große kalifornische Zentraltal. Die intensive Bewässerung hat es zu einem agrarischen Garten Eden werden lassen. Im Nordwesten zeugt der vulkanische Mount Diablo von den tektonischen Kräften, die den Westen Amerikas formen. Im Amador-Tal in Richtung Südwesten nagen sich neue Siedlungen immer tiefer in das Weideland. Doch ein quadratisches Stück Boden sticht in diesem Tal eigentümlich hervor. Pappeln säumen den mit Stacheldraht bewehrten Zaun. Dahinter wechseln sich große Hallen mit schmucklosen Flachbauten aus Holz ab. Satellitenantennen weisen vom Dach eines Bürohochhauses in den Himmel. Der Zugang sei strengstens verboten, warnen Schilder am Zaun.

Das „Lawrence-Livermore-Laboratorium" ist eine von zwei Einrichtungen in Amerika, in denen an der Entwicklung von Kernwaffen geforscht wird. Benannt nach dem Nobelpreisträger Ernest Lawrence – er erhielt den Preis für die Entwicklung des Zyklotron im Jahre 1939 – und dem benachbarten Dorf Livermore wird es im Auftrag des Energieministeriums in Washington von der Universität von Kalifornien betrieben. Mehr als 5000 Wissenschaftler, Techniker und Verwaltungsangestellte arbeiten hinter dem Zaun. Zu der Zeit, als Ronald Reagan und George Bush im Weißen Haus regierten, war diese Forschungseinrichtung auch gleichzeitig der Kristallisationskern für das von Reagan ins Leben gerufene SDI-Programm. Diese Strategische Verteidigungsinitiave, verkürzt aber fast immer nur „Star Wars" genannt, hätte dem Krieg eine neue Dimension gegeben. Von der Erdoberfläche wäre er in den Weltraum verlagert worden.

In Amerika selbst führte das vom Pentagon koordinierte

Programm zu den interessantesten politischen Debatten der achtziger Jahre. Renommierte Wissenschaftler bezweifelten, daß eine Raketenabwehr im Weltraum überhaupt möglich sei. Kritiker hielten SDI für eine überflüssige Eskalation des Wettrüstens. Neben der politischen Polarisierung Amerikas erreichte Reagan mit seiner an Starrsinn grenzenden unbeugsamen Haltung in bezug auf das Programm ein weiteres, weltpolitisch wesentlich bedeutsameres Ziel. SDI lehrte der damaligen Sowjetunion das Fürchten. Man fürchtete weniger die eigentlichen Waffen als die Tatsache, daß Amerika durch einen gewaltigen technologischen Schritt die gesamte sowjetische Atomstreitmacht überflüssig machen würde. Nicht wenige Beobachter glauben, diese Furcht und die Erkenntnis, daß die Sowjetunion einem SDI-Programm nichts technisch Ebenbürtiges entgegenzusetzen habe, sei der letzte Stoß gewesen, der die ohnehin wankende Sowjetmacht zu Fall brachte.

Wenn es wirklich das SDI-Programm war, das entscheidenden Anteil am Niedergang des Kommunismus in Osteuropa und dem ehemaligen Sowjetreich hatte, dann hat ein Mann jenes Ziel erreicht, für das er mehr als 50 Jahre unerbittlich gekämpft hat. Im Gegensatz zu Lawrence und den mehr als zwanzig anderen Nobellaureaten aus der Gegend um San Francisco wurde diesem Mann nie die höchste Auszeichnung in der Wissenschaft zuteil. Dennoch hat er die Weltgeschichte der letzten fünf Jahrzehnte mehr beeinflußt als alle anderen seiner Physikerkollegen: Edward Teller.

Wie kein anderer Physiker ist der aus Ungarn stammende Wissenschaftler untrennbar mit dem Atomzeitalter, dem Kalten Krieg und der Doktrin der nuklearen Abschreckung verbunden. Gemeinsam mit den ebenfalls aus Ungarn emigrierten Physikern Leo Szilard und Eugen Wigner besuchte Teller im Sommer 1939 Albert Einstein in seinem Sommerhaus in Peconic auf Long Island. Die drei Besucher überzeugten den „Patriarchen der Physik“ davon, seinen mittlerweile berühmten Brief an Präsident Roosevelt zu schreiben.

Darin wies Einstein den Präsidenten auf die in der Kernspaltung steckende Energie und die Möglichkeit der Entwicklung einer Atombombe hin. Untertreibend spielt Teller seine Rolle bei diesem historischen Treffen herunter. Er sei damals lediglich der Fahrer gewesen, weil Szilard keinen Führerschein besessen habe.

Dennoch schloß er sich im Jahre 1941 dem Manhattan-Projekt an und wirkte am Bau der ersten amerikanischen Atombomben mit. Nachdem die Sowjets am 29. August 1949 auch ihre erste Atombombe zündeten, begann Teller für die Entwicklung der „Superbombe", einer Wasserstoffbombe, zu plädieren. Er wurde in Los Alamos mit deren Entwicklung beauftragt, und am 1. November 1952 ließ die Detonation dieser ersten Thermonuklearwaffe die Elugelab-Insel im Eniwetok-Atoll im Pazifik von der Landkarte verschwinden. Teller galt fortan als „Vater der Wasserstoffbombe". Auf sein Drängen hin wurde daraufhin das Livermore-Labor gegründet. Er wollte bewußt einen Gegenpol zu Los Alamos schaffen, jenem Laboratorium in Neu-Mexiko, in dem Julius Robert Oppenheimer im Rahmen des Manhattan-Projektes die Entwicklung der ersten Atombombe geleitet hatte. In Los Alamos stand man nämlich den hochfliegenden Ambitionen Tellers zurückhaltend gegenüber. Teller war jahrelang wissenschaftlicher Direktor in Livermore, bis er sich 1975 vom Direktorenstuhl zurückzog. Sein heutiger Titel „associate director emeritus" deutet eher auf einen beschaulichen Ruhestand hin. Doch Teller ist nie wirklich in Pension gegangen. Er blieb stets die Graue Eminenz in Livermore, förderte junge Wissenschaftler, regte neue Forschungsprogramme an und gab sich streitbar wie eh und je.

Da das Livermore-Labor von der Universität von Kalifornien betrieben wird, ist der jeweilige Gouverneur des „Golden State" stets oberster Vorgesetzter aller Angestellten der Forschungseinrichtung. Deshalb war es kein Wunder, daß Teller in den sechziger Jahren den damaligen Gouverneur in

Sacramento kennenlernte. Er war ein ehemaliger Filmschauspieler aus Hollywood, der für seine starre antikommunistische Haltung bekannt war, Ronald Reagan. Der Gouverneur gewann Vertrauen zu dem Physiker und ließ den Kontakt auch nicht abbrechen, nachdem er im Jahre 1981 ins Weiße Haus eingezogen war. Teller berichtete dem neuen Präsidenten oft von den enormen technischen Fortschritten, welche die Wissenschaftler am Livermore-Labor bei der Entwicklung einer neuen Generation von Atomwaffen erzielt hatten. Daß Teller dabei häufig den Fortschritt viel zu optimistisch darstellte, wurde ihm mehrmals von einer Untersuchungskommission des Kongresses vorgeworfen. Zusammen mit seinem Mitarbeiter Lowell Wood habe Teller dem Pentagon irreführende Darstellungen über das SDI-Programm gegeben. Teller sei von der Führung des Livermore-Labors unter anderem deshalb gedeckt worden, weil dadurch mehr Forschungsmittel ins Amador-Tal flossen.

Daß die geheimen Briefwechsel zwischen Teller, dem Weißen Haus und dem Pentagon überhaupt Gegenstand einer Untersuchung im Kongreß wurden, ist Roy Woodruff zu verdanken, einem Physiker, der seit 1968 in Livermore an der Entwicklung von Kernwaffen mitarbeitete. Im Jahre 1980 wurde er Leiter der Abteilung für Waffenentwicklung und stieg damit in die Vorstandsetage auf. Zu Weihnachten 1983 wurde Woodruff neben Direktor Roger Batzel der zweite Mann im Direktorium des Livermore-Labors.

Als Abteilungsleiter unterstanden ihm die mit den Codebuchstaben R, O und Z benannten Arbeitsgruppen. Er wußte, daß in der O-Gruppe enthusiastische, junge Wissenschaftler unter Führung von Lowell Wood an der Entwicklung eines Röntgenlasers arbeiteten. Mit dieser „Excalibur" genannte Kernwaffe sollte es einmal gelingen, so glaubten die Physiker, feindliche Atomraketen zu Dutzenden vom Himmel zu schießen. Auf die O-Gruppe übte Teller den größten Einfluß aus. Peter Hagelstein, ein junger theoretischer Physiker, hatte in jahrelanger Arbeit das Computerprogramm XRASER geschrieben, mit dem jene Zustände in einem Atomkern berechnet werden konnten, die zur Aussendung von Röntgenstrahlen hoher Intensität führen. Woodruff wußte auch, daß im Jahre 1981 auf dem Versuchsgelände in Nevada bei einem Atomtest mit dem Codenamen „Dauphin“ erstmals die theoretischen Berechnungen für einen von einer Wasserstoffbombe gezündeten Röntgenlaser experimentell überprüft worden waren. Man befand sich, so glaubte der neue Direktor, in einer frühen Phase der Grundlagenforschung. Von der Entwicklung eines Prototyps einer möglichen Waffe sei man noch Jahre entfernt.

Woodruff wußte auch, daß Teller gute Beziehungen zu Präsident Reagan unterhielt. Er ahnte jedoch nicht, welchen Einfluß Teller auf Reagans strategisches Konzept nehmen würde. Wie die meisten Wissenschaftler war auch Woodruff überrascht, als Reagan am 23. März 1983 seine berühmte SDI-Rede hielt, in der er die Forscher aufforderte, Atomwaffen „impotent und überflüssig“ zu machen. Den Livermore-Wissenschaftlern war klar, daß der Röntgenlaser in der als Forschungsprogramm ausgewiesenen Strategischen-Verteidigungs-Initiative eine gewisse Rolle spielen würde. Das Projekt steckte aber noch in den Kinderschuhen.

Deshalb war Woodruff verblüfft, als er im Dezember 1983 den Durchschlag eines Briefes in die Hände bekam, den Teller kurz vorher an George Keyworth, den damaligen Wissenschaftsberater Reagans, geschrieben hatte. Darin erklärte Teller, mit dem Röntgenlaser-Projekt werde man jetzt in die „Ingenieur-Phase“ eintreten – also einen Prototyp herstellen. Woodruff, als stellvertrender Direktor Tellers nomineller Vorgesetzter, stellte den Atomphysiker zur Rede. Man sei von einem Prototypen noch weit entfernt. Teller müsse das gegenüber der Regierung richtigstellen. Der Atomphysiker akzeptierte nach Woodruffs Worten zwar die Kritik, weigerte sich jedoch einen weiteren, erklärenden Brief ans

Weiße Haus zu schicken. Woodruff sei anschließend von Labordirektor Batzel untersagt worden, selbst einen korrigierenden Brief nach Washington zu schicken.

Von nun an begann sich das Verhältnis zwischen Woodruff auf der einen Seite und der Laborleitung und Teller auf der anderen Seite zu verschlechtern. Im Herbst 1984 schrieb Teller optimistische Briefe an den Abrüstungsbeauftragten der Regierung in Washington, Paul Nitze, und an den damaligen Sicherheitsberater Reagans, Robert McFarlane. Darin hieß es, daß man bei den gerade wieder in Gang gekommenen Abrüstungsverhandlungen in Genf keine Zugeständnisse machen sollte. Die Fortschritte beim Röntgenlaser seien nämlich sehr groß. Woodruff hielt solche Aussagen für gefährlich und irreführend. Ende Dezember 1984 schrieb Teller, mit einem Röntgenlaser könne man das gesamte Arsenal sowjetischer Interkontinentalraketen abschießen, wenn sie einmal gestartet seien.

Lowell Wood, Tellers Protegé und Leiter der O-Gruppe, unterrichtete unterdessen den damaligen CIA-Direktor William Casey und den Chef des SDI-Büros im Pentagon, Generalleutnant Abrahamson, über die Fortschritte in dem Programm. Dabei soll er den Röntgenlaser in schillernden Farben dargestellt haben. Einer seiner Vorträge hatte den Titel: „Feuersäulen im Tal der großen Pilze“ – gemeint waren offensichtlich Atompilze. Woodruff kritisierte den übereifrigen Optimismus von Teller und Wood immer wieder. Doch die Antwort sei immer die gleiche gewesen. Woodruff könne nicht nachweisen, daß die optimistischen Pläne physikalisch unmöglich seien, habe Teller erklärt.

Zu einer letzten Auseinandersetzung zwischen Teller und Woodruff kam es am 6. September 1985. Die Direktoren von Livermore und Los Alamos hätten damals in Washington mit SDI-Chef Abrahamson über die Verteilung bestimmter SDI-Gelder verhandelt. Man sei sich einig gewesen, daß Livermore 60 Prozent, Los Alamos 30 und die Sandia-Laboratorien zehn Prozent erhalten sollten. Plötzlich sei Teller in die Versammlung getreten und habe erklärt, das ganze Geld ginge nach Livermore. Präsident Reagan habe ihm das zugesichert. Abrahamson, so Woodruff, stimmte zu.

Einen Monat später trat Woodruff von seinem Posten zurück und beschwerte sich bei seinem Arbeitgeber, dem Präsidenten der Universität von Kalifornien, über Tellers Eingriffe in seinen Kompetenzbereich und seine unhaltbaren Darstellungen. Er erhielt eine hinhaltende Antwort. Daraufhin legte Woodruff einen offiziellen Protest ein. Bis zu diesem Zeitpunkt war noch kein Wort über den internen Streit in Livermore nach außen gedrungen. Da das Röntgenlaser-Projekt unter Geheimhaltung stand, konnte auch nicht öffentlich über dessen Fortschritte diskutiert werden. Diese Tatsache, so Woodruff heute, habe Teller schamlos ausgenutzt.

Schließlich machte die Physikalische Gesellschaft Kaliforniens einige der Briefe Woodruffs an Teller und die Laborleitung bekannt. Sie waren der Vereinigung anonym zugespielt worden. Nach der Veröffentlichung forderten zwei demokratische Kongreßabgeordnete aus Kalifornien, Tom Hayden und George Brown, eine Untersuchung des Falles. Darin kommt das „General Accounting Office", einer dem Kongreß unterstehenden Untersuchungsbehörde, zu dem Schluß, weder Teller noch Wood hätten sich im juristischen Sinne falsch verhalten. Ihre Angaben seien aber übermäßig optimistisch gewesen. Von einem Prototypen eines Röntgenlasers sei man heute weiter entfernt denn je. Drei weitere Atomversuche – „Cottage" im Frühjahr 1985, „Super-Excalibur" im Sommer und „Goldstone" im folgenden Winter - hätten das Experiment nicht viel weiter gebracht. Der Versuch im Sommer sei sogar ein völliger Fehlschlag gewesen. Das Programm zur Entwicklung einer Waffe auf dem Prinzip des Röntgenlasers wurde daraufhin eingestellt.

Teller und Wood gaben aber dennoch nicht auf. Sie präsentierten ein neues Projekt zur Raketenabwehr, Brilliant Pebbles nämlich, zu deutsch „hochbegabte Kieselsteine".

Was sich zunächst wie eine Anlehnung an die Kampfformen der Steinzeit anhört, hat einen durchaus ernstzunehmenden Hintergrund. An den ursprünglichen SDI-Plänen setzten Kritiker nämlich aus, die weltraumgestützten Komponenten seien viel zu voluminös und zu komplex. Über große, in Umlaufbahnen die Erde umkreisende Spiegel sollten Laserstrahlen auf gegnerische Raketen gelenkt werden. Außerdem wären zahlreiche Aufklärungssatelliten im Weltraum zu stationieren gewesen. Deren Sensoren sollten jeden Fleck der Welt zur jeder Zeit überwachen. Alle diese großen Satelliten, so bemängelten SDI-Kritiker, wären einfache Ziele für Antisatellitenwaffen. Sie könnten deshalb schon zu Beginn eines bewaffneten Konfliktes schnell vom Gegner ausgeschaltet werden.

Nachdem die SDI-Organisation im Pentagon deshalb von den exotischen Waffen Abstand genommen hatte, konzentrierte sie ihre Forschung auf die sogenannten „kinetischen Waffen“. Darunter versteht man Flugkörper, die gegnerische Raketen wie Granaten zerstören können. Dazu gehören einerseits die weltraumgestützten Abfangraketen. Auf mehreren orbitalen Startplattformen befinden sich, so das Konzept, demnach jeweils mehrere Dutzend Raketen, die gegen startende Interkontinentalraketen abgeschossen werden können. Dieses System setzt aber ebenfalls große und damit leicht verwundbare Satelliten in Erdumlaufbahnen voraus.

Gleichzeitig gewann jedoch die Idee der sogenannten „Smart Rocks“ Gestalt. Der Name für diese „klugen Felsen“ ist passend gewählt. Diese Flugkörper sollen nämlich normalerweise auf niedrigen Erdumlaufbahnen verharren. Erst im Konfliktfall würden sie von einem kleinen, computergesteuerten Raketentriebwerk auf Bahnen katapultiert, auf denen sie mit den gegnerischen Interkontinentalraketen zusammenstoßen. Allein durch die Aufprallenergie zerstören sie die getroffene Rakete. Bei den Brilliant Pebbles handelt es sich um eine Weiterentwicklung dieser Smart Rocks.

Ein solcher „Kieselstein im Weltraum“, so sieht das von Wood und Teller erdachte Konzept vor, dürfte knapp einen Meter lang sein und etwa 100 Kilogramm wiegen. Zur Ausrüstung der Pebbles gehört eine bisher einzigartige Weitwinkelkamera. Mit ihrer Hilfe kann aus der geplanten, 800 Kilometer hohen Umlaufbahn eine Fläche etwa 100000 Quadratkilometer mit einem Blick beobachtet werden. Sensoren in ihrer gekrümmten Brennebene registrieren die von startenden Raketen ausgehende Infrarotstrahlung. Ein Supercomputer von der Größe einer Zigarettenschachtel berechnet die mögliche Bahn der Raketen. Der Rechner steuert gleichzeitig ein kleines Raketentriebwerk so, daß der Flugkörper wie ein Kieselstein auf die startende Rakete fällt und sie durch den Aufprall zerstört.

Weil auch in Kalifornien das Sprichtwort gilt, daß man dem, der einmal gelogen hat, nur noch bedingt glaubt, wird das neue, von Wood entworfene Konzept nicht kritiklos hingenommen. Der Physiker stelle das System der Brilliant Pebbles ebenfalls weitaus optimistischer dar, als es die Realität erlaubt, meinen Kritiker. Wood tritt diesen Argumenten damit entgegen, daß die Miniaturisierung von elektronischen Schaltkreisen, Kameras und Sensoren in den vergangenen Jahren vor allem durch das SDI-Progamm erhebliche Fortschritte gemacht habe. Ein Supercomputer im Westentaschenformat sei demnach ohne weiteres realisierbar. Tatsächlich wurde in einer Halle auf dem Fliegerhorst Edwards in Südkalifornien ein erster Prototyp eines solchen Kieselstein-Flugkörpers getestet. Bei dem 21 Sekunden dauernden Flug hob das Gerät vom Hallenboden ab und „stürzte“ sich anschließend auf eine Raketenattrappe.

Das Ende des Kalten Krieges und die im Start-II-Vertrag zwischen Rußland und Amerika vereinbarte einschneidende Verringerung der atomaren Sprengköpfe haben das ursprünglich von Reagan angepeilte umfangreiche SDI-Programm überflüssig werden lassen. Mit dem Einzug Bill Clintons ins Weiße Haus haben sich außerdem die innenpolitischen Rahmenbedingungen in Amerika verändert. Knapp zehn Jahre nach seiner Geburt starb der ursprünglich anvisierte alles umfassende, im Weltraum aufgestellte Schutzschirm gegen feindliche Raketen einen wenig beachteten Tod. Die Fortschritte, die aber während der Forschung an den verschiedenen Komponenten des Projektes erzielt wurden, vor allem die Miniaturisierung aller Bauteile, vom Computer bis zum Raketentriebwerk, werden die Waffenentwicklung noch lange beeinflussen. Star Wars ist zwar tot, aber das SDI-Programm hat die Kriegführung für immer verändert.

Es klingelt erst nach dreißig Ziffern

Ohne Telefon scheint es kein Amerikaner lange auszuhalten. Ein Beweis für die Kommunikationsfreudigkeit jenseits des Atlantik ist die Zahl der öffentlichen Telefonzellen. Ihre Dichte muß in amerikanischen Großstädten um mindestens zwei Zehnerpotenzen höher sein als in Deutschland, denn an nahezu jeder Straßenecke steht mindestens ein „Public Payphone“. Die größte Ballung öffentlicher Fernsprechstellen gibt es aber in den amerikanischen Flughäfen. Allein im Wartebereich der Halle 1 des „Los Angeles International Airport“ zählte der Beobachter sechzig Münzfernsprecher. Zur Befriedigung der allgemeinen Telefonitis stehen einige Dutzend weitere Fernsprechzellen nahe der Gepäckbänder im Untergeschoß.

Vom einfachen Ortsgespräch über das Telefax bis zur interkontinentalen Datenfernübertragung erlauben diese Telefone nahezu jede elektronische Kommunikationsform. Ihre Bedienung ist aber keinesfalls ein Kinderspiel. Sie erfordert vor allem große Geduld, außerdem viel Kleingeld und am besten eine der in vielen Formen angebotenen „Calling Cards“.

Selbst das einfache „Ortsgespräch“ ist längst nicht so problemlos, wie es zunächst den Anschein hat. Ein Gespräch vom Flughafen Los Angeles in den benachbarten Stadtteil Inglewood kostet nur 20 Cents. Wählt man jedoch unter der gleichen Vorwahl eine Nummer im Stadtteil Hollywood, meldet sich der in amerikanischen Telefonen allgegenwärtige Computer. „Werfen Sie 65 Cent für die ersten drei Minuten ein", bittet eine synthetische, aber dennoch freundliche Damenstimme. In Amerika gilt nämlich nicht der in Deutschland übliche Grundsatz, daß ein Gespräch zwischen zwei Anschlüssen mit der gleichen Vorwahl stets ein Ortsgespräch ist. Die amerikanischen „Area Codes" sind statt dessen in viele Bezirke unterteilt. Nur die unmittelbaren Nachbarbezirke zählen zum billigen „Ortsnetz". Für Gespräche in die anderen Bezirke gelten die Tarife des Nahbereichs.

Noch verwirrender kann die Anwahl von Telefonanschlüssen in weit entfernten Bezirken innerhalb eines Vorwahlbereiches sein. Amerikanische Telefonnummern bestehen stets aus sieben Ziffern und der dreistelligen Vorwahl. Für Los Angeles lautet dieser „Area Code" beispielsweise 213. Wählt man einen Anschluß innerhalb dieser Vorwahl, reichen normalerweise die sieben Ziffern der Telefonnummer aus. Gelegentlich meldet sich aber der Computer, der fordert, daß man zunächst eine „Eins" und erst dann die gewünschte Nummer wählen solle. Auf diese Art belehrt, legt der Anrufer auf, wählt erneut mitsamt der Eins, nur um dann wieder vom synthetischen Fräulein vom Amt zu erfahren, daß man 85 Cents einwerfen müsse, um eine Verbindung herzustellen. Mit der Wahl der „Eins" ist nämlich aus dem Ortsgespräch ein Ferngespräch innerhalb der Nahzone geworden – und solche Fernnahgespräche kosten extra.

Wer genügend Kleingeld bei sich führt, um die ersten drei Minuten des Telefonates zu finanzieren und endlich den Teilnehmer am anderen Ende von Los Angeles erreicht hat, braucht dennoch nicht zu hasten. Amerikanische Münzfernsprecher sind nämlich nicht so uneinsichtig brutal wie ihre deutschen Vettern. Sie scheinen zu wissen, daß sich in knappen drei Minuten längst nicht all das sagen läßt, was mitgeteilt werden sollte. Also wird die Verbindung nicht automatisch gekappt, sobald das eingeworfene Geld aufgebraucht ist. Statt dessen piepst es im Hörer und die Computerstimme bittet um weitere Münzen. Selbst wenn man den geforderten Betrag nicht einwirft, bleibt die Verbindung bestehen. Kassiert wird erst, nachdem man eingehängt hat. Dann nämlich klingelt der öffentliche Fernsprecher. Die freundliche Dame mit der synthetischen Stimme meldet sich und bittet höflich darum, den restlichen Betrag einzuwerfen. Die meisten Amerikaner sind zwar grundehrlich – aber nur wenige widerstehen der Versuchung, der Telefongesellschaft ein Schnippchen zu schlagen. Also wird der Wunsch des Computers oft ignoriert und der Hörer einfach aufgelegt.

Wer nun glaubt, das Führen eines Ferngespräches könne nicht mehr viel schwieriger sein, hat sich getäuscht. Seitdem im Jahre 1984 die „American Telephone and Telegraph Company" (AT&T) auf Gerichtsbeschluß aufgelöst wurde, ist aus dem einstigen Fernsprechmonopol ein Dschungel konkurrierender Gesellschaften geworden. Das Gericht teilte Amerika damals in acht Bereiche auf. Für Gespräche in jeder dieser Regionen hat jeweils eine Telefongesellschaft das Monopol. Diese Unternehmen dürfen aber keine Ferngespräche vermitteln. Diese Dienstleistung bieten zur Zeit drei große und Dutzende kleinerer Telefongesellschaften an. Die regionalen Telefongesellschaften müssen allen konkurrierenden „Long Distance Companies" die gleichen Chancen einräumen, ein Ferngespräch zu vermitteln.

Das führt dazu, daß einige Münzfernsprecher in der Abfertigungshalle des Flughafens neben dem normalen Tastenfeld mit fünf weiteren Druckschaltern ausgerüstet sind. Sie zeigen jeweils ein Emblem einer der großen Fernsprechgesellschaften. Ein Druck – und man ist mit der Telefongesellschaft seiner Wahl verbunden. Erkennt man das Logo nicht oder findet man kein vorprogrammiertes Telefon, läßt sich die gewünschte Fernsprechgesellschaft von jeder beliebigen Telefonzelle mit fünf Codeziffern anwählen. 10288 steht beispielsweise für „AT&T", 10333 für den Konkurrenten „Sprint".

Diese Vorbereitungen alleine genügen aber noch lange nicht, das gewünschte Ferngespräch tatsächlich führen zu können. Denn nun erhebt sich das leidige Problem der Bezahlung. Wer bar bezahlen will, sollte sich vorher bei einer Bank eine Rolle Münzen besorgen, denn kaum jemand wird zufällig gerade zwanzig „Quarters" (Vierteldollarstücke) für die „ersten drei Minuten" in der Tasche haben. Die für den Anrufer billigste Methode ist das handvermittelte R-Gespräch. Ein „Fräulein vom Amt" – in diesem Fall ist nicht nur ihre Stimme echt – vermittelt es gern. Beim Angerufenen schlägt ein solches Gespräch jedoch neben den normalen Gebühren mit mindestens drei Dollar extra zu Buche. Besondere Gebühren verlangt die Vermittlung auch dafür, das Gespräch aus der Telefonzelle der eigenen Telefonrechnung daheim zuzuschlagen.

Die meisten Ferngespräche von Telefonzellen aus werden in Amerika aber mit Hilfe einer „Calling Card" geführt. Sowohl die großen Fernsprechgesellschaften wie alle acht regionalen Telefonunternehmen stellen solche Telefonkreditkarten aus. Sie werden über die monatliche Telefonrechnung zu Hause abgerechnet. Nun glaube der Anrufer aber nicht, daß eine Gesellschaft die Karten seiner Konkurrenten akzeptieren würde. Also beginnt wieder die Suche nach dem „richtigen" Fernsprecher oder man hilft sich mit dem eintippen der fünfstelligen Codes. Danach wählt man aber noch nicht die gewünschte Nummer, sondern zunächst die „Null". Damit macht man dem Telefoncomputer klar, daß man das Gespräch über eine Karte abrechnen will. Dann folgt die dreistellige Vorwahl und schließlich die siebenstellige Nummer. Sind diese 16 Ziffern erst einmal gewählt, geschieht zunächst nichts.

Plötzlich haucht jedoch entweder eine mit Glöckchen untermalte Computerstimme die Buchstaben „AT&T“ in den Hörer, oder es ertönt ein Hupton oder ein Piepser. Das ist dann das Zeichen die vierzehnstellige Kennummer der „Calling Card“ einzugeben. Man darf sich glücklich schätzen, alle 30 Ziffern auf Anhieb ohne Fehler eingetippt zu haben. Aufatmend lehnt sich der Anrufer zurück und läßt das Telefon am anderen Ende der Leitung klingeln. Die Wahrscheinlichkeit ist jedoch groß, daß sich dort nicht der gewünschte Teilnehmer, sondern nur sein Surrogat meldet. Die Liebe der Amerikaner zu Anrufbeantwortern ist nämlich mittlerweile so groß, daß kaum noch ein Haushalt ohne ein solches Geräte auskommt. Meist bleiben die Apparate auch dann eingeschaltet, wenn der Teilnehmer zu Hause ist.

An einigen öffentlichen Fernsprechern kann man inzwischen überhaupt nicht mehr mit Münzen telefonieren. Diese Geräte verfügen über Magnetstreifenleser. Sie akzeptieren neben den „Calling Cards“ auch gewöhnliche Kreditkarten. Da einige dieser Kartentelefone mittlerweile auch mit Faxgeräten ausgerüstet sind, lassen sich aus der Telefonzelle auch Telebriefe abschicken und – gegen eine Zusatzgebühr – sogar empfangen.

Die jüngste Entwicklung im Bereich der öffentlichen Telefonzellen sind die „Data Phones“. Neben dem Hörer befindet sich ein Bildschirm, darunter eine normale Schreibmaschinentastatur. Telefonkreditkarten ermöglichen den Zugang zu diesen Geräten. Dann kann man entweder Telefonieren oder ein Modem anwählen. Die Tastatur ermöglicht – wie beim Computer zu Hause oder im Büro – das Einloggen in Datenbanken, das Entleeren des elektronischen Briefkastens oder das Übermitteln einer Notiz über ein elektronisches Netzwerk.

Daß diese Kommunikationsmöglichkeiten manchem Fluggast immer noch nicht reichen, war kürzlich auf einem Flug von San Francisco nach Los Angeles zu beobachten. Die meisten inneramerikanischen Fluggesellschaften haben ihre Maschinen mittlerweile mit sogenannten „Airphones“

ausgerüstet. In der Rückenlehne des Vordersitzes untergebracht, lassen sich die Telefone mit dem Einschub einer Kreditkarte aktivieren. Das Flugzeug verfügt über einen Sender, der das Telefongespräch dann zu einer Relaisstation auf dem Boden übermittelt. Dort wird es ins „klassische" Telefonnetz eingespeist. Kaum hatte die Maschine abgehoben, aktivierte der Sitznachbar sein Flugzeugtelefon. Erst beim Anflug auf Los Angeles hängte er es nach einigen Dutzend Gesprächen wieder ein. Die Landung gelang perfekt, der Pilot mußte jedoch einige Minuten auf dem Vorfeld warten. Als endlich die Abflughalle mit ihren sechzig Telefonzellen erreicht war, verabschiedete sich der Nachbar ungewöhnlich schnell mit den Worten, er müsse eben einmal telefonieren. Er stellte seinen Aktenkoffer auf dem nächstbesten Sitz ab, holte ein tragbares Telefon heraus und begann eifrig zu wählen.

VII

Sechs Jahre lang, von 1986 bis 1992, gab es die längste Trockenperiode, seit in Kalifornien regelmäßig das Wetter beobachtet wird. Diese Dürre, die immer größer werdende Zahl der Einwohner und eine langanhaltende Rezession haben im jenem Bundestaat, der für sich allein genommen über das sechstgrößte Bruttosozialproduckt der westlichen Welt verfügt, zu einer Krise geführt. Die kalifornische Wirtschaft muß sich einem gründlichen Strukturwandel unterziehen, will sie ihre führende Stellung behaupten.

Auf der Suche nach Schnee

Laut quakend fliegen schwangroße Vögel vom vereisten Seeufer auf. Es sind Wildgänse aus Kanada, die in der Sierra Nevada Schutz vor dem arktischen Winter gesucht haben. Doch auch am Lake Tahoe ist es bitter kalt. Durch die Stratocirruswolken scheint die Sonne in einem fahlen Licht. An diesem Morgen ist am Südufer des Sees kaum jemand unterwegs. Die Pendelbusse zu den Skipisten sind ebenfalls leer. Im Supermarkt bilden sich vor den Kassen keine Schlangen. „Das ist der schlimmste Winter seit langem“, klagt Hotelinhaber Carl Welch. Versonnen blickt er zunächst auf den hoch über das ausgetrocknete Seeufer ausladenden Pier und dann auf die andere Seeseite. „Selbst dort drüben, in den Spielcasinos am Nevada-Ufer, fehlen die Gäste“, klagt er resigniert.

Sechs Winter lang war im Skiparadies rund um den Lake Tahoe der Schnee ausgeblieben. Die vielen Skilifte in der Gegend blieben meist abgeschaltet. Den Liftbesitzern gelang es selbst mit Schneekanonen nicht mehr, eine halbwegs befahrbare Lage Kunstschnee auf die Pisten zu zaubern. Frank Gehrke und Dave Hart nahmen den Besucher auf eine Skiwanderung bis in fast 2600 Meter Höhe zum Meßfeld „Alpha“ mit. Mehrmals in jedem Winter machen sich die beiden Staatsbediensteten mit Langlaufskiern zu solchen abgelegenen Meßstationen in dem granitischen Gebirge auf. Dort messen sie jeweils die Höhe und das spezifische Gewicht des Schnees.

Was normalerweise ein romantischer Aufstieg durch eine tiefverschneite Waldlandschaft ist – das jedenfalls behaupten Gehrke und Hart –, wird an diesem Tag eine mühsame Wanderung durch Matsch und über Harsch. Auf dem Weg zu der Wasserscheide oberhalb des Lake Tahoe müssen die Skier immer wieder abgeschnallt werden, weil der Schnee völlig fehlt. Gut 50 Zentimeter Schnee, so ergeben die Messungen, bedecken heute das Meßfeld. Dave Hart: „Normalerweise liegen hier um diese Jahreszeit mehr als zwei Meter, oft sogar über vier Meter Schnee.“

Die Wasserversorgung Kaliforniens beruht auf einem komplexen Wechselspiel zwischen klimatischen, meteorologischen und juristischen Abläufen. Kalifornien erstreckt sich zwischen 33 und 42 Grad nördlicher Breite, liegt also etwa auf der Höhe des Mittelmeeres. Selbst im Spätwinter ist deshalb die Sonne schon intensiv warm. Entlang der Pazifikküste strömt allerdings kaltes Meerwasser, aus dem Golf von Alaska kommend, nach Süden. Die dadurch entstehende Temperaturdifferenz zwischen Land und Meer führt in den Küstenregionen zu häufigem Nebel und gelegentlichem Regen. Einige Küstenstädte wie Santa Barbara oder Santa Cruz beziehen ihr Trinkwasser aus Talsperren, die ausschließlich diesen Regen sammeln. Das stellenweise über 1000 Meter hohe Küstengebirge verhindert aber, daß diese meist niedrigen Regenwolken viel weiter als 20 Kilometer ins Landesinnere vordringen. Vor Südkalifornien, also entlang der Ballungsräume Los Angeles und San Diego, hat sich die kalte Meereströmung bereits so sehr mit warmem, von Süden kommendem subtropischem Wasser vermischt, daß es dort ohnehin selten regnet.

Im nahezu 1000 Kilometer langen, östlich an das Küstengebirge anschließede Zentraltal Kaliforniens regnet es nur, wenn schwere Winterstürme, vom Pazifik kommend, über das Küstengebirge hinwegziehen. Auf diese Stürme wirkt die noch weiter östlich gelegene Sierra Nevada schließlich als großes Bollwerk. Entlang ihres drei- bis viertausend Meter hohen Gebirgskammes geht die pazifische Feuchtigkeit dann als Schnee nieder. In großen Höhen, beispielsweise im oberen Teil des Yosemite-Parks, fallen in einem durchschnittlich feuchten Winter mehrere Meter Schnee pro Jahr.

Da die Grundwasservorräte in Kalifornien begrenzt sind, stellt man mit diesem Schnee – genauer mit dem daraus im Frühjahr resultierenden Schmelzwasser – Unglaubliches an. Bierbrauer in San Francisco benutzen ihn ebenso wie Papierfabriken in Nordkalifornien. Es wird zur Chipherstellung im Silicon Valley benutzt und füllt die Schwimmbecken in den Gärten der endlosen Vororte von Los Angeles. Die Bewässerungsanlagen machen mit diesem Wasser das Zentraltal zum intensiv genutzten landwirtschaftlichen Anbaugebiet. Dort wächst nahezu alles, von der Avocado bis zum Zuckerrohr, vom Alfalfa bis zur Zitrone. Es werden Wein, Reis, Blumenkohl, Baumwolle, Tomaten, Pampelmusen und sogar Walnüsse angebaut. Die Schmelzwässer speisen aber auch die Flüsse Sacramento und San Joaquin. Ihr Delta an der Bucht von San Francisco ist eines der größten Feuchtgebiete Amerikas mit einer einmaligen Vielfalt an Fauna und Flora.

Das meiste Wasser dieser Flüsse fließt durch das Delta in die Bucht und von dort durch das Goldene Tor in den Pazifischen Ozean. Mittlerweile wird jedoch soviel Flußwasser abgepumpt, daß mit jeder Flut das Salzwasser weiter ins Landesinnere eindringt. Die Pumpen fördern das Wasser Hunderte von Kilometer weit durch Aquädukte in die Bewässerungssysteme des Zentraltals und sogar über das Küstengebirge in das Becken von Los Angeles.

Mit der Planung des aufwendigen Kanalsystems wurde unter Präsident Franklin Roosevelt im Rahmen des „New Deal“ begonnen. Zu dieser Zeit wurden auch die Nutzungsrechte für das Wasser so überarbeitet, daß es heute zu einer unüberhörbaren Mißstimmung in Kalifornien kommt. Etwa 80 Prozent des Trinkwassers fließen nämlich in die Sprinkleranlagen und Bewässerungskanäle der Landwirtschaft. Beklagt wird nicht, daß die Landwirte reichlich Wasser zugeteilt bekommen. Kritisiert wird vor allem der Preis. Ein Kubikmeter kostet den Bruchteil eines Pfennigs. Das führt gemeinsam mit der Ausnutzung angestammter Wasserrechte zu einer unglaublichen Verschwendung. Die Trinkwasserversorgung einiger Großstädte im Zentraltal, darunter auch der Landeshauptstadt Sacramento, hängt ebenfalls an diesen Kanälen. Da in den vierziger und fünfziger Jahren ausreichend Wasser durch den Sacramento-River floß, verzichtete man großzügig auf Wasseruhren für die privaten Haushalte. Jeder Haushalt zahlt heute einen Fixpreis von umgerechnet zwölf Mark im Monat – unabhängig davon, wieviel Wasser verbraucht wird.

Zu den Zeiten, als die Farmer im Zentraltal mit den Regierungen in Washington und Sacramento die Wasserrechte aushandelten, wohnten in den Großstädten an der Küste, in San Francisco, Los Angeles, Oakland und San Diego, weniger als halb soviel Menschen wie heute. Die Stadtväter konnten sich also damals mit dem geringen Anteil von weniger als 20 Prozent des Schmelzwassers begnügen. Als Schlüssel für die pro Jahr in Kalifornien zugeteilten Mengen dient der Sacramento-Index. In den fünfzig Jahren zwischen 1936 und 1985 strömten im Jahresdurchschnitt 23 Milliarden Kubikmeter Wasser durch den Sacramento-River. Ein Fünftel dessen war genug, um die ständig wachsende städtische Bevölkerung ausreichend mit Trinkwasser zu versorgen. Doch die jüngste Dürre ließ diesen Index stetig schrumpfen. Im Jahr 1989 flossen beispielsweise nur elf Milliarden Kubikmeter durch den Sacramento, ein Jahr später waren es sogar weniger als neun Milliarden Kubikmeter.

Während die Landwirte weiterhin im Wasser schwelgen, verordneten die meisten Wasserversorgungsbezirke der Ballungsgebiete deshalb drastische Sparmaßnahmen. Jeder Bürger der Stadt San Franciscos mußte danach seinen Wasserverbrauch um ein Viertel verringern. In einigen Außenbezirken fiel die Reduktion noch höher aus. Zwar ist der Wassermangel in Kalifornien nicht mit der Dürre in der Sahelzone zu vergleichen. Aber das verordnete Wassersparen zerrt dennoch an den Nerven der Bevölkerung. In Santa Barbara, der schönen Bischofsstadt nördlich von Los Angeles, schien das Wetter die Bevölkerung auf eine noch härtere Probe zu stellen, als im Sommer die Temperaturen auf 40 Grad im Schatten stiegen. Irgendeiner müsse aufgrund der Hitze durchgedreht haben, meint der Wirt im Coffee-Shop nahe der alten Missionskirche. Er zeigt dabei aus dem Fenster auf die riesige gelblich-weiße Rauchsäule, die hinter den Bergen in den Himmel steigt. Das Feuer könne doch nur ein Verrückter gelegt haben.

Es dauerte vier Tage, bis die Feuerwehren den Brand im Tal zwischen der Innenstadt von Santa Barbara und dem Universitätsvorort Goleta unter Kontrolle hatten. Der Qualm war oft so dicht, das Gelände so unzugänglich und das Löschwasser so knapp, daß die Feuerwehrleute zeitweise die Übersicht verloren. Das Feuer hatte 500 Häuser, darunter zahlreiche Luxusvillen, zerstört. Der Gesamtwert der zerstörten Objekte wird auf eine Viertelmilliarde Dollar geschätzt. Mehr als 350 Hektar Buschland wurden ein Raub der Flammen.

Im seit Jahren ausgetrockneten Chaparral fanden die Flammen reiche Nahrung. Die trockene Luft und ein leichter Wind fachten das Feuer zusätzlich an. Wegen des geringen Wasserdruckes konnten die Feuerwehrleute nicht alle Häuser gleichzeitig vor den Flammen schützen. Schließlich beschränkte man sich darauf, Brandschneisen zu schlagen und ein Übergreifen des Feuers auf Nebentäler zu verhindern. Immer wieder war das Dröhnen der Motoren der

Löschflugzeuge zu hören. Langsam fliegend, tauchten sie über den Bergkuppen auf und versprühten über den Brandherden Wolken orangeroten Löschmittels.

Dutzende Feuerwehrleute mußten ärztlich behandelt werden. Sie hatten Rauchvergiftung einer Art erlitten, die es in Mitteleuropa überhaupt nicht gibt. Der häufigste Strauch im Küstengebirge Kaliforniens ist nämlich „Poison Oak". Die Blätter dieser auch als Ranke wachsenden Pflanze haben Ähnlichkeit mit Eichenlaub. Die Pflanze enthält jedoch ein Öl, das als das potenteste Allergen in Nordamerika gilt. Etwa 80 Prozent der Kalifornier sind dagegen allergisch. Schon der kleinste Kontakt mit der Pflanze löst einen Hautausschlag aus, der tagelang anhält und mit einem schlimmen Juckreiz verbunden ist. Wenn die Pflanze verbrennt, verdampft das Öl und schlägt sich im Bronchialtrakt eines jeden nieder, der den Qualm einatmet. Ein brennender Hustenreiz ist die Folge.

Der Wassermangel und die immer größer werdenden Schäden bei den ausgedehnten Wald- und Buschbränden in jedem Sommer werten viele Beobachter mittlerweile als Zeichen dafür, daß Kalifornien trotz seiner großen Fläche nicht für 30 Millionen Einwohner geschaffen ist. Trotz der Dürre hätte man nämlich genügend Wasser zur Verfügung stellen können. Doch die Ursachen für die Probleme mit der Wasserversorgung in den Ballungsräumen entlang der Küste und im Zentraltal liegen in dem nahezu ungezügelten Bevölkerungswachstum. Seit der letzten Volkszählung im Jahre 1980 ließen sich sechs Millionen Neubürger im „Goldenen Staat" am Pazifik nieder – eine Steigerung um ein Viertel. Die Neusiedler brauchen nicht nur Wasser, sondern auch Land und Wohnraum.

Die zuverlässigste Wasserquelle für die meisten Kalifornier ist der Schnee, der in jedem Winter in der Sierra Nevada fällt. Der Großraum San Francisco bezieht sein Wasser aus Talsperren, die das Schmelzwasser in der Nähe des Yosemite-Nationalparks auffangen. Der Hetch-Hetchy-See beispielsweise wurde schon in den zwanziger Jahren aufgestaut. Er füllt ein Tal, dessen Schönheit sich angeblich mit der des Yosemite-Valley hätte messen können.

Das Wasserbedarf der acht Millionen Menschen im Großraum Los Angeles wird im wesentlichen aus zwei Quellen gestillt. Ein Teil des Sacramento-Flusses in Nordkalifornien wird in ein 800 Kilometer langes System aus Aquädukten und Kanälen gespeist, durch das es in den durstigen Süden fließt. Der andere Teil des Wasser kommt aus dem Owens-Tal am Ostrand der Sierra Nevada. Um die Kontrolle über die Wasserrechte in diesem Tal zu gewinnen, haben die Stadtväter von Los Angeles in den zwanziger Jahren zu fragwürdigen Methoden gegriffen. Sie brachten die örtliche Bauern gegeneinander auf, zahlten hohe Schmiergelder und klagten bei allen möglichen Gerichten. Einer nach dem anderen gaben die Rancher auf. Heute kontrolliert der „Metropolitan Water District" von Los Angeles nahezu das gesamte Tal – mit zum Teil verheerenden Folgen. Vor 50 Jahren fuhren noch Ausflugsdampfer auf dem tiefblauen Owens See. Heute geht der Blick auf den imposanten Hauptkamm der Sierra Nevada über eine ausgetrocknete, staubige Senke in der Landschaft. Los Angeles zog zeitweise so viel Wasser ab, daß der weiter nördlich gelegene Mono Lake mit seinen einmaligen Mineralformationen auszutrocknen drohte.

Im Gegensatz zu San Francisco und Los Angeles wollte sich Santa Barbara nicht vom Schneefall in der Sierra Nevada abhängig machen. Man vertraute auf örtliches Grundwasser und auf kleinere Talsperren, die den im Küstengebirge fallenden Regen sammelten. Doch aus der beschaulichen Bischofsstadt ist mittlerweile eine wachsende Großstadt geworden. Der ehemalige Präsident Reagan besitzt nicht weit von der Stadt entfernt in den Santa-Ynes-Bergen die „Himmelsranch". Seine regelmäßigen Besuche in diesem „Western White House" waren ein Grund für die wachsende Popularität der Stadt. Viele „Angelenos" flohen außerdem vor dem Smog und den Verkehrsproblemen der Metropolis und ließen sich in Santa Barbara nieder. Der gute Ruf der Universität gilt als weiterer Magnet für junge High-Tech-Firmen und deren Mitarbeiter.

Dieses Wachstum führte gemeinsam mit dem trockenen Wetter zu Engpässen in der Wasserversorgung. Das Sprengen des Rasens ist seit Jahren ebenso verboten wie das Autowaschen. Bürgersteige dürfen nicht mehr mit dem Schlauch abgespritzt werden. Hausbesitzer hatten wassersparende Toilettenspülungen und Duschköpfe zu installieren. Das sonst in amerikanischen Restaurants obligatorische Glas Wasser vor dem Essen wurde nur noch auf Wunsch serviert. Von den Stadtwerken ausgebildete „Wasserpolizisten" patroullieren durch die Stadt. Sie erteilen Rat, schreiben aber auch Strafmandate für besonders verschwenderische Wassersünder. Hausbesitzern, die trotz Dürre nicht auf einen grünen Rasen verzichten wollen, bietet ein Anstreicher Hilfe an. Zum Preis von etwa drei Mark pro Quadratmeter sprüht er den Rasen mit einem umweltverträglichen grünen Farbstoff ein. Das künstliche Grün ist bis zum nächsten Platzregen garantiert.

Der Wohnungsbedarf der vielen Neubürger führt dazu, daß die kalifornischen Städte immer weiter ins Land hineinwachsen. Auf vielen der vor Jahren noch unbesiedelten Berghänge rund um das Becken von Los Angeles stehen heute Häuser. Grundstücksmakler erschließen auf dem Land neue Wohnsiedlungen in Gebieten, die verkehrsmäßig günstig von den Großstädten zu erreichen sind. Ein Waldbrand, der früher lediglich einige Farmhäuser bedrohte, kann heute zu einer Gefahr für manchen neuen Vorort werden. Diese Siedlungen sind vor allem in den Sommermonaten sehr gefährdet. Zwischen Ende Mai und Anfang Oktober fällt in den meisten Teilen Kaliforniens nämlich so gut wie kein Niederschlag. Der Bewuchs im Küstengebirge und in der Sierra Nevada ist in dieser Zeit stets trocken wie Zunder. Dann bedarf es lediglich eines unachtsamen Autofahrers, der seine glimmende Zigarettenkippe aus dem Fenster wirft, und schon kann ein ganzes Tal in Flammen stehen. Das Großfeuer in den Bergen oberhalb von Santa Barbara war nur ein Anfang. Kaliforniens Katastrophenschützer müssen in jedem Jahr auf einen „heißen Sommer“ gefaßt sein. Selbst die sintflutartigen Regenfälle, die im Januar 1993 über weiten Teilen Kaliforniens niedergingen, verringerten die Brandgefahr nur für kurze Zeit. Nach solchen Regenperioden gedeihen dann im Frühjahr im feuchten Boden die Pflanzen besonders gut. Wenn sie dann aber – wie in jedem Jahr – im Sommer verdorren, ist die Menge an brennbarem Zunder noch größer. Die erwarteten Brände sind dann um so schwerer zu löschen.

Endstation Sehnsucht oder Ist der kalifornische Traum ausgeträumt?

Frühmorgens auf dem Venice Boulevard in Los Angeles: Vor dem Arbeitsamt warten schon die ersten Menschen. Der Sonnenaufgang verspricht einen typischen Sommertag in Südkalifornien – windstill und wolkenlos, wenngleich ein wenig smogverhangen. Die Stimmung unter den Wartenden ist jedoch alles andere als „typisch kalifornisch“. Da ist Ken Fulfer, ein 38 Jahre alter, gut ausgebildeter Flugzeugmechaniker. „Als die mich vor drei Jahren einstellten, haben sie gesagt, ich könnte mindestens bis zum Ende des Jahrhunderts am Jet MD-90 arbeiten. Statt dessen ist heute schon Schluß“, sagt er und zeigt die Entlassungspapiere von McDonnell-Douglas. Neben ihm steht Doug Knoblauch, ein 31 Jahre alter Finanzmakler. Auch er hat Arbeitslosengeld beantragt. „Makler können nur dann Geld verdienen, wenn Geld da ist“, sagt er philosophisch. „Zur Zeit hat aber wohl keiner Geld“, fügt er resigniert hinzu. Bis das Arbeitsamt öffnet, haben sich etwa hundert Menschen in die Schlange eingereiht. Die meisten verfügen über eine gute Ausbildung und jahrelange Berufserfahrung. Nur wenige ungelernte Arbeiter sind darunter.

Nachmittags gut 500 Kilometer weiter nördlich: In einem hügeligen Weidegelände steht ein futuristisch anmutendes Gebäude aus Spiegelglas und Beton. In der großen Eingangshalle herrscht eine gediegene Atmosphäre. Die Beleuchtung ist indirekt, die Wände sind mit Holz vertäfelt, große Fenster unter weit überhängenden Dachtraufen geben den Blick auf die hügelige Landschaft oberhalb von San Jose frei. In den Labors im Inneren des Gebäudes herrscht angespannte Betriebsamkeit. Haarscharf an den Grenzen des physikalisch Möglichen arbeiten Wissenschaftler an Datenspeichern für die Computer der Zukunft. Hier im Almaden-Forschungszentrum von IBM scheint noch der ursprüngliche „Geist des Silicon Valley" zu herrschen. Im Jahre 1986 erhielten der Deutsche Gerd Binnig und der Schweizer Heinrich Rohrer den Nobelpreis für Physik für ihre Entdeckung des Rastertunnelmikroskops. Nun, wenige Jahre später, versucht man hier auf der Basis dieser Entdekkung eine neue Generation von Datenspeichern zu entwikkeln.

Spitzenforschung und Arbeitslosigkeit. Diese scheinbaren Gegensätze findet man heute überall in Kalifornien, denn der große Bundesstaat im Wilden Westen Amerikas steckt in einer schweren Krise. Jack Kyser, Wirtschaftsberater des Landkreises Los Angeles, faßt die Situation drastisch zusammen: „Die Wirtschaft Südkaliforniens ist tot." Gary Conley, der Vorsitzende des Rates für die wirtschaftliche Entwicklung Südkaliforniens, vergleicht die Lage der kalifornischen Unternehmen mit einer Gruppe von Schiffbrüchigen in einem Rettungsboot. Die Vorräte seien aufgebraucht. Nun warte jeder darauf, als erster über Bord geworfen zu werden. Phil Quigley, Vorstandsvorsitzender der Telefongesellschaft Pacific Bell und Chef der kalifornischen Handelskammer, umschreibt die Lage diplomatisch. Der Gouverneur, das Parlament und die Wirtschaft sähen allmählich ein, daß sich der Staat einem Strukturwandel und einer Erneuerung unterziehen müsse, meint Quigley – Perestroika am Pazifik.

Es mutet ironisch an, daß Kaliforniens Wirtschaftsführer nun jenen Begriff verwenden, den Gorbatschow zu seiner Leitlinie gemacht hatte. Indirekt ist nämlich die Politik Gorbatschows und des kalifornischsten aller amerikanischen Präsidenten, Ronald Reagan, für einen Teil jener Sorgen verantwortlich, unter denen der bevölkerungsreichste Bundesstaat Amerikas heute leidet. Kaum jemand macht dem ehemaligen Präsidenten der Sowjetunion direkt einen Vorwurf. Die Kritik an Reagan ist dagegen unüberhörbar. Vereinfacht gesagt, hat ein großer Teil der kalifornischen Unternehmen nämlich das Ende des Kalten Krieges verschlafen. Zu sehr hatte man sich an die unter Reagan nicht enden wollenden Aufträge aus dem Pentagon gewöhnt. Offiziell wollten zwar alle – Rüstungsindustrie und Weißes Haus – den Kalten Krieg siegreich beenden. Niemand schien jedoch auf die Frage vorbereitet, wie es denn weitergehen solle, falls einmal der Frieden ausbricht.

In der zweiten Hälfte der achtziger Jahre erhielten in Kalifornien ansässige Unternehmen mehr als ein Fünftel aller wichtigen Rüstungsaufträge des Pentagon. Der Gesamtwert der in diesen Bundesstaat fließenden Militäraufträge betrug 120 Milliarden Dollar. Allein im Haushaltsjahr 1985 waren die Aufträge 30 Milliarden Dollar wert. Im Haushaltsjahr 1990 war der Wert der Aufträge schon auf unter 24 Milliarden Dollar gefallen – und die Tendenz ist weiter sinkend.

Während man im amerikanischen Kongreß noch davon redete, wie die fiktive Friedensdividende – jenes Geld, das man nun nicht mehr für die Rüstung auszugeben brauchte – aufgeteilt werden sollte, begannen in Kalifornien bereits die Entlassungen. Innerhalb von zwei Jahren, zwischen dem Jahre 1990 und dem Jahre 1992, gingen im Golden State fast 800 000 Stellen verloren, mehr als sechs Prozent aller registrierten Arbeitsplätze. Allein die Rüstungs- und High-

Tech-Industrie in Südkalifornien baute seit dem Jahre 1987 mehr als 80 000 Stellen ab. Damals waren noch 423 000 Menschen in dieser Branche beschäftigt. Im Jahre 1992 war die Zahl dieser Arbeitsplätze auf 341 000 gesunken. Man schätzt, als Folge davon seien mindestens 50 000 weitere Jobs in der Zulieferbranche und im Dienstleistungsgewerbe verlorengegangen. Hughes in El Segundo hat 4000 Stellen abgebaut und plant 12 000 weitere Entlassungen, bei Northrop in Los Angeles werden 5500 Arbeitsplätze gestrichen. Jene Abteilung von Lockheed, die in Santa Clara Raketen baut, hat bisher 2400 Angestellte entlassen.

Das Pentagon schränkt aber nicht nur Aufträge ein, es baut auch selbst Stellen ab. So werden einige Garnisonen in Kalifornien völlig aufgegeben, darunter auch der Infanterieübungsplatz Fort Ord bei Monterey. Bisher standen dort 20 000 Soldaten und Zivilisten auf der Gehaltsliste. Erschwerend kommt in Südkalifornien hinzu, daß einer der größten Hersteller für Verkehrsflugzeuge der Welt, das Unternehmen McDonnell-Douglas, zur Zeit immer weiter gegen seine Konkurrenten Boeing und Airbus zurückfällt. Als Folge wurden in den vergangenen Jahren mehr als 19 000 Menschen entlassen, darunter auch der vor dem Arbeitsamt am Venice Boulevard wartende Ken Fulfer. Im Frühjahr 1993 lag die Arbeitslosenrate in Kalifornien bei 9,8 Prozent, der höchste Wert für einen der großen amerikanischen Bundesstaaten.

Der Verlust an Arbeitsplätzen ist nicht nur auf die bisher vornehmlich von Rüstungsprojekten lebende Luft- und Raumfahrtindustrie beschränkt. Auch in der Wiege der Computer-Industrie, dem Silicon Valley, stehen die Zeichen auf Sturm. Zwischen den Jahren 1989 und 1991 gingen in den Landkreisen San Mateo und Santa Clara etwa 30 000 Stellen verloren. In der ersten Hälfte des Jahres 1992 fielen weitere 4100 Arbeitsplätze dem Rotstift zum Opfer. Zum Teil ist der Stellenabbau eine direkte Folge des Rückgangs in den Rüstungsaufträgen. Wenn keine Interkontinentalraketen mehr gebraucht werden, besteht auch keine Notwendigkeit mehr, die Steuerungselektronik für sie herzustellen. Die Aufträge des Pentagon, die beispielsweise in den Landkreis Santa Clara flossen, hatten im Jahre 1987 noch einen Wert von fast fünf Milliarden Dollar. Mittlerweile ist ihr Wert auf knapp vier Milliarden Dollar gesunken.

Tom Hayes, Vorstandsmitglied des Halbleiterherstellers Applied Materials in Santa Clara, meint: „Hier herrscht schlicht und einfach Angst.“ Hayes ist auch Vorsitzender des „Joint Venture: Silicon Valley“, einer Gruppe von Vorständen aller namhaften Elektronikunternehmen, von Apple über Intel und IBM bis Hewlett-Packard. Sie wollen die bisher konkurrenzlose Stellung des Silicon Valley als Gebärmutter neuer Technologien auch für das nächste Jahrtausend sicherstellen. Die derzeitige Situation ist allerdings alarmierend. Nicht nur werden immer mehr Arbeitsplätze abgebaut. Auch die für die Neugründung von Unternehmen so wichtigen Anleger von Risikokapital ziehen sich zurück. Im vergangenen Jahr wurden nur noch 750 Millionen Dollar in solche Unternehmen investiert, vor acht Jahren war es noch eine Milliarde. Dementsprechend ging die Zahl der Firmengründungen zurück, von 5600 im Zweijahreszeitraum von 1982 bis 1984 auf nur noch 1400 zwischen 1986 und 1988. Auch hier ist die Tendenz fallend.

Einer weiterer, wichtiger Grund für das sich spürbar verschlechternde Wirtschaftsklima in Kalifornien ist die schiere Größe dieses Staates, dem das Wachstum der vergangenen zwei Jahrzehnte über den Kopf gewachsen zu sein scheint. Auf einer Fläche von 400000 Quadratkilometern leben 31 Millionen Menschen. Kalifornien ist mit 75 Menschen pro Quadratkilometer nominal nur etwa ein Drittel so dicht besiedelt wie Deutschland, doch in den endlosen Weiten der Mojave-Wüste, in den sanften Granitbergen der Sierra Nevada oder dem waldreichen Norden des Landes leben nur wenige Einwohner. In den Ballungsräumen Los Angeles und San Francisco drängelt sich dagegen die Hälfte aller Kalifornier.

Die meisten der fünf Millionen Zuwanderer des letzten Jahrzehnts ließen sich in der Nähe dieser beiden Städte nieder. Die Folgen: Die Preise für Grund und Boden stiegen ins Astronomische. Zu den Stoßzeiten geht es im Berufsverkehr auf den Freeways schlimmer zu als auf deutschen Autobahnen an Ferienwochenenden. In Los Angeles sind trotz der strengsten Abgasvorschriften der Welt an über 150 Tagen im Jahr mehr Schadstoffe in der Luft als es die Gesetze zulassen. Das Bevölkerungswachstum und die sechs Jahre anhaltende Dürre führten in vielen Städten zur Wasserrationierung in Haushalten und Industrie.

Nach Umfrage des renommierten Field Instituts scheint es den Kaliforniern zum erstenmal seit der Großen Depression in ihrem Staat nicht mehr zu gefallen. Nur noch dreißig Prozent der Befragten meinten, der „Golden State" sei der beste Ort zum Leben. Vor drei Jahren waren noch fast zwei Drittel der Befragten dieser Meinung. Damals wollten kaum mehr als fünf Prozent aus Kalifornien wegziehen, heute liegt die Zahl bei über zwanzig Prozent.

Viele innovative Unternehmer verlassen deshalb auch das Silicon Valley oder haben sich von Anfang an in anderen Bundesstaaten niedergelassen. Microsoft, eines der wichtigsten Softwarehäuser der Welt, geht seinen Geschäften von Seattle im Staate Washington aus nach. Der Chiphersteller Intel unterhält seinen Firmensitz zwar im Silicon Valley, lagerte aber die Entwicklungsabteilung für Supercomputer nach Oregon aus. Häufig sind es auch die Verwaltungsvorschriften und lokale Verordnungen, die eine Erweiterung von Betrieben oder die Aufnahme neuer Produktionszweige nahezu unmöglich machen. Die Pharmafirma Miles, ein Tochterunternehmen von Bayer Leverkusen, focht mehr als drei Jahre mit der Stadt Berkeley um die Genehmigung, einen Blutfaktor mit gentechnischen Methoden herstellen zu dürfen. T.J. Rodgers, der Vorstandsvorsitzende von Cypress-Semiconductors, hat beobachtet, daß Städte in anderen Bundesstaaten High-Tech Unternehmen mit offenen Armen empfangen, während die kalifornischen Behörden den Firmen immer größere Steine in den Weg legen.

Mit den Unternehmen verlassen auch viele Einwohner den Golden State – zum großen Teil für immer. Zwar wuchs die Bevölkerung zwischen den beiden Volkszählungen in den Jahren 1980 und 1990 um mehr als fünf Millionen Menschen. Bei etwa der Hälfte dieses „Zuwachses" handelte es sich um Einwanderer aus dem Ausland, vor allem aus Mittelamerika und Asien. Kalifornien nahm damit im letzten Jahrzehnt etwa ein Drittel aller nach Amerika kommenden Einwanderer auf. Mittlerweile sind knapp ein Viertel aller Einwohner Kaliforniens im Ausland geboren.

Innerhalb der Vereinigten Staaten ist Kalifornien allerdings inzwischen zu einem „Auswanderungsstaat" geworden. Da es in Amerika keine Meldepflicht gibt, existiert keine genaue Statistik über die inneramerikanischen Migrationsbewegungen. Ein Indikator für die Flucht aus Kalifornien sind aber die Führerscheine. Jeder Bundesstaat stellt für seine Bewohner eigene Führerscheine aus. Zieht man beispielsweise von New York nach Florida um, kann man seinen New Yorker Führerschein ohne Probleme gegen einen aus Florida eintauschen. Der alte Führerschein wird dann an die Behörden des ausstellenden Staates zurückgeschickt. In den zwölf Monaten zwischen Juli 1991 und Juni 1992 erhielt das kalifornische Straßenverkehrsamt erstmals mehr Führerscheine von „Auswanderern" aus anderen Staaten zurück, als es Führerscheine von „Einwanderern" in andere Staaten schickte. Die Differenz betrug zwar nur 13 000, aber das scheint nur der Anfang zu sein. Insgesamt verließen im Jahre 1992, so schätzen Statistiker der Universität von Kalifornien in Los Angeles, etwa 140 000 Bürger den Staat. In den kommenden Jahren dürfte diese Zahl auf jährlich etwa 200 000 steigen.

Angesichts der angespannten Haushaltslage in Washington ist von der Bundesregierung keine durchgreifende Unterstützung zur Lösung der Probleme in Kalifornien zu erwarten. Der hilfesuchende Blick in die Landeshauptstadt Sacramento ist ebenfalls fruchtlos. Die führenden Politiker, vor allem der republikanische Gouverneur Pete Wilson und der Fraktionsvorsitzende der Demokraten im Parlament, Willie Brown, gaben sich im Jahre 1992 in einem nahezu zwei Monate dauernden Possenspiel um den neuen Staatshaushalt der Lächerlichkeit preis. Anstatt konstruktiv nach einer Möglichkeit zu suchen, das zehn Milliarden Dollar große Loch im Etat zu stopfen, ließen sich Wilson und Brown vor den Wahlkampfwagen ihrer jeweiligen Partei spannen. Zum erstenmal seit der Weltwirtschaftskrise vor 60 Jahren war Kalifornien pleite. Löhne und Rechnungen konnten nur noch in Schuldscheinen und nicht mehr in bar bezahlt werden. Innerhalb von 36 Tagen machte der Staat auf diese Weise zwei Milliarden Dollar Schulden. Ein solches Verhalten der politischen Führung trägt weder bei Investoren noch bei Unternehmern dazu bei, wieder Vertrauen in ihren Staat zu fassen.

Sind also die Tage Kaliforniens als – gemessen am Bruttosozialprodukt – sechstgrößte Wirtschaftsmacht der Welt gezählt? Ist die Zeit vorbei, in der in diesem Staat technische Innovation nicht nur erträumt, sondern in Form von High-Tech-Produkten auch vorgelebt wurde? Ist der Golden State noch immer das Modell für eine Zukunft, an der sich einst ganze Erdteile orientierten? Gewiß, manchen Branchen der Wirtschaft geht es heute schlecht, der wichtigste Wirtschaftszweig Kaliforniens erzielte aber im vergangenen Jahr erneut Rekordumsätze. Die Landwirtschaft setzte knapp 20 Milliarden Dollar um und trug mit Exporten von fast fünf Milliarden Dollar sogar erheblich dazu bei, das amerikanische Handelsbilanzdefizit nicht noch größer werden zu lassen. Den Bauern geht es gut, weil sie kaum Getreide, Futtermittel oder Kartoffeln, sondern höherwertige Erzeugnisse, wie Südfrüchte, Gemüse und Nüsse anbauen. So wie das große, völlig von Ackerbau und Viehzucht dominierte Zentraltal das geographische Rückgrat Kaliforniens darstellt, ist die Landwirtschaft der Ursprung der Prosperität dieses Bundesstaates.

Dennoch ist nicht zu erwarten, daß Kalifornien demnächst allein auf die Einkünfte auf die Landwirtschaft angewiesen ist und von der High-Tech-Hauptstadt zu einem Agrarstaat degradiert. An den Universitäten, allen voran Stanford, Berkeley, Caltech und UCLA, gibt es genügend wissenschaftliche Kreativität, die künftig Kaliforniens Stellung auf den vorderen Plätzen der Weltrangliste der Innovationskraft sichern wird. Ein Traum und eine leerstehende Garage reichen aber heute nicht mehr aus, um die Welt so dramatisch zu verändern, wie es die Studenten Jobs und Wozniak mit ihren Apple-Computern taten. Früher riet man jungen Amerikanern mit Unternehmungsgeist „Go west, young man". Nun ist man am Pazifik angelangt, der Zug weiter westwärts ist nicht mehr möglich. Als Folge scheint es, als akkumulierten sich in Kalifornien alle Probleme des heutigen Amerika. Die Straßenunruhen in Los Angeles im Frühsommer 1992, der Drogenhandel und das Gangstertum sind die sichtbaren Auswüchse der gesellschaftlichen Probleme. „Dieser Staat ist im Begriff", so sagt der Direktor für kalifornische Studien an der Staatsuniversität in Sacramento, Jeff Lustig, „allmählich erwachsen zu werden." Nach 140 Jahren Wachstum mit scheinbar unerschöpflichen natürlichen Rohstoffen sei nun die Phase des Umdenkens gekommen. Kalifornien stehe heute nicht mehr vor dem Problem, die Innovationskraft junger Forscher und Unternehmer zu bändigen, heute müsse man mit den gleichen sozialen Problemen und Umweltsünden leben wie die Staaten an der Ostküste.

Mit den Worten „Die Zukunft ist nicht für die Feiglinge, sie gehört den Mutigen" sprach der ewige Optimist Ronald Reagan den Amerikanern nach der Explosion der Raumfähre Challenger im Januar 1986 Mut zu. Die Industrie Kaliforniens, sei es in den „Skunkworks“ der Luft- und Raumfahrtbranche oder den „Cleanrooms“ des Silicon Valley, scheint bereit, sich mutig den Problemen der Zukunft zu stellen. Jene Politiker, die aber zur Zeit die Geschicke Kaliforniens lenken, haben noch nicht begriffen, daß es Zeit zum rigorosen Umdenken ist.

Die Deutsche Bibliothek – CIP-Einheitsaufnahme

Rademacher, Horst:
Kalifornische Impressionen :
Reportagen aus Amerikas Westen /
Horst Rademacher. – Frankfurt (Main) :
Societäts-Verl., 1993
ISBN 3-7973-0539-7